Catalogue des Livres
de feu M. de Tourniere.

Paris chez Musier fils. 2 Aoust 1772

G

CATALOGUE

DES LIVRES

DE FEU MONSIEUR

DE TOURNIERE,

Ancien Payeur des rentes, de l'Académie Royale des Sciences.

A PARIS,

Chez J. B. G. MUSIER, fils, Libraire, Quai des Augustins.

M. DCC. LXXII.

LA VENTE des Livres de feu M. DE TOURNIERE, de l'Académie Royale des Sciences, se fera, en la maniere accoutumée, au plus offrant & dernier enchérisseur, le 3 Août 1772, de relevée & jours suivans, à pareille heure, rue du Sentier, près le Boulevard.

Les Livres sont très-bien conditionnés, & seront exposés dans l'ordre qui suit :

Premiere Vacation, le Lundi 3 Août.

Théologie, depuis le Nº. 1 jusqu'au Nº. 4 inclusiv.
Belles-Lettres, . . . 31 58
Histoire, ... 251 . . . 280
Sciences & Arts, . . 491 . . . 552

Seconde Vacation, le Mardi 4 Août.

Théologie, ... 5 8
Belles-Lettres, . . . 59 85
Histoire, ... 281 . . . 310
Sciences & Arts, . . 553 . . . 614

Troisieme Vacation, le Mercredi 5 Août.

Jurisprudence, . . . 9 12
Belles-Lettres, . . . 86 . . . 112
Histoire, ... 311 . . . 340
Sciences & Arts, . . 615 . . . 676

Quatrieme Vacation, le Jeudi 6 Août.

Jurisprudence, . . . 13 16
Belles-Lettres, . . . 113 . . . 139
Histoire, ... 341 . . . 370
Sciences & Arts, . . 677 . . . 738

4

Cinquieme Vacation, le Vendredi 7 Août.

Jurisprudence, depuis le Nº. 17 jusqu'au Nº. 20 incl.
Belles-Lettres, ... 140 166
Histoire, ... 371 400
Sciences & Arts, . . . 739 800

Sixieme Vacation, le Samedi 8 Août.

Jurisprudence, ... 21 24
Belles-Lettres, ... 167 193
Histoire, ... 401 430
Sciences & Arts, . . . 801 863

Septieme Vacation, le Mardi 11 Août.

Jurisprudence, ... 25 28
Belles-Lettres, ... 194 220
Histoire, ... 431 460
Sciences & Arts, . . . 864 927

Huitieme Vacation, le Mercredi 12 Août.

Jurisprudence, ... 29 30
Belles-Lettres, ... 221 249
Histoire, ... 461 490
Sciences & Arts, . . . 918 991

EFFETS qui feront à vendre.

Corps de Bibliothéque en Armoires gril-
lées, fermantes à clef; Tablettes à Cré-
mailleres, très-propres & bien condition-
nées.

Etabli de Menuiſier, avec les Outils.

Pluſieurs Tours, dont un à guillocher, garnis
de tous leurs Uſtenſiles & Outils.

Etabli & Outils d'Horlogerie.

CATALOGUE
DES LIVRES
DE FEU MONSIEUR
DE TOURNIERE,
De l'Académie Royale des Sciences.

THÉOLOGIE.

1 Discours Historiques, Critiques, Théologiques & Moraux, sur les Evénemens les plus remarquables de l'Ancien & du Nouveau Testament, par Jacques Saurin, *La Haye*, 1728. 6 *vol. in-fol. pap. royal.*, *v. f. doré sur tranche, filets d'or.*
2 De Imitatione Christi, Lib. IV. ex recens. J. Valart, *Parisiis, Barbou*, 1758, *in-12.*
3 Sermons du P. Bourdaloue, *Par.* 1747, 15 *v. in-12.*
4 Les Provinciales de Louis de Montalte, (Pascal) avec les Notes de Guill. Wendrock, (P. Nicolle) *Amst.* 1753, 4 *vol. in-12.*

A

5 Préjugés légitimes & Réfutation de l'Encyclopédie, par Abraham Chaumeix, 3 vol. in-12.

6 . . . .

JURISPRUDENCE.

DROIT NATUREL.

7 Essai sur l'Hist. du Droit Naturel, 1757, 2 v. in-8.

8 Principes du Droit de la Nature & des Gens, trad. du lat. de Wolf, par Formey, Amsterdam, 1758, 3 vol. in-12.

9 Le Droit de la Nature & des Gens, trad. du latin de Puffendorff, par Barbeyrac, Amst. 1712, 2 v. in-4.

10 Théorie des Loix Civiles, ou Principes fondamentaux de la Société, Lond. 1767, 2 vol. in-12. v. f.

11 De l'Esprit des Loix, ou du rapport que les Loix doivent avoir avec la constitution du Gouvernement, les Mœurs, le Climat, &c. Geneve, 2 vol. in-4.

12 Observations sur le Livre de l'Esprit des Loix, par M. Crevier, Paris, 1764, in-12.

DROIT FRANÇOIS.

13 Le Praticien Universel, ou le Droit François, & le Praticien de toutes les Jurisdictions du Royaume, par Couchot, édit. donnée par la Combe, Paris, 1747, 2 vol. in-4.

14 Traité de la Police, ou Histoire de son établissement, les Fonctions, Prérogatives de ses Magistrats, &c. par le Commissaire de la Mare, Amst. 1729, 4 vol. in-fol. gr. pap. v. f. doré sur tranche.

15 Instruction facile sur les Conventions, ou Notions simples sur les divers Engagemens que l'on peut prendre dans la Société, Paris, 1760, in-12.

16 Causes célebres & intéressantes, avec les Jugemens qui les ont décidées, par Gayot de Pitaval, Paris, 1738, 20 vol. in-12.

17 Continuation des Causes célebres & intéressantes,

avec les Jugemens qui les ont décidées, par M. J. C.
de la Ville, *Paris*, 1766, 2 *vol. in-12.*

18 Caufes amufantes & connues, 1769. *in-12.*

19 Dictionnaire Univerfel de Juftice, Police & Finance,
par Fr. Jac. Chafles, *Paris*, 1725, 3 *vol. in-fol.*

20 Nouveau Traité des Elections, contenant l'origine
de la Taille, Aides, Gabelles, &c. par de la Vieu-
ville, *Paris*, 1739, *in-8.*

21 Commentaire fur le fait des Aides, par Jean Henry
Dubois, *Paris*, 1712, *in-12.*

22 Traité des Aides, par P. Affe, *Par.* 1715, *in-12.*

23 Maximes concernant les Tailles, Aides & Gabelles,
Paris, 1715, *in-12.*

24 Mémoires concernant le Contrôle des Rentes, ou
Recueil abrégé des Titres, Priviléges, Fonctions des
Contrôleurs des Rentes, &c. *Paris*, 1717, *in-12.*

25 Les Aides de France, & leur régie, par de Roque-
mont, *Paris*, 1728, *in-12.*

26 Dictionnaire des Aides, par Pierre Brunet de Grand-
Maifon, *Par.* 1730, 2 *tom.* en 1 *vol. in-12.*

27 Jurifprudence des Rentes, *Paris*, *in-8.*

28 Principes des Rentes conftituées, *Nifmes*, 1758,
in-12.

29 Mémoires ou Extraits des Réglemens concernant
les Rentes, les Payeurs & Contrôleurs des Rentes,
1749, *in-fol.*

30 Nouveau Commentaire fur l'Ordonnance de la Marine, du mois d'Août 1681, par René-Jofué Valin,
la Rochelle, 1760, 2 *vol. in-4.*

BELLES-LETTRES.

GRAMMAIRES ET DICTIONNAIRES.

31 Le Jardin des Racines Grecques, *Par.* 1664, *in-12.*

32 R. Stephani thefaurus linguæ latinæ, *Lugd.* 1573,
2 *vol. in-fol.*

33 Pet. Danetii Dictionarium Latinum & Gallicum,
Parifiis, 1691, *in-4.*

1. 16   34 Vocabulaire Universel, lat. franç. de Chompré, *Paris*, 1754, *in-8*.

2. 3   35 Indiculus Universalis, ou l'Univers en abrégé, par Pomey, augmenté par l'Abbé Dinouart, *Par.* 1756, *in-12*.

1.   36 Grammaire Françoise raisonnée, de Port-Royal, *Paris*, *in-12*.

4. 10   37 Remarques de Vaugelas sur la Langue Françoise, avec les Notes de Th. Corneille, *Paris*, 1738, *3 vol. in-12*.

1. 10   38 Grammaire Françoise de Restaut, *Par.* 1740, *in-12*.

39 Les vrais Principes de la Langue Françoise, par l'Abbé Girard, *Paris*, 1747, *2 vol. in-12*.

4. 4   40 Synonymes François de l'Abbé Girard, *Par.* 1740, *in-12*.

2. 17.   41 Des Tropes, ou des différens Sens dans lesquels on peut prendre un même mot, dans une même Langue, par du Marsais, *Par.* 1757, *in-8*.

3. 10   42 Dictionnaire Etymologique, ou Origine de la Langue Françoise, par Ménage, *Paris*, 1694, *in-fol*.

31. 8   43 Dictionnaire de la Langue Françoise, par Pierre Richelet, *Lyon*, 1759, *3 vol. in fol*.

4. 15   44 Dictionnaire portatif de la Langue Françoise, extrait de Richelet, *Lyon*, 1756, *in-8*.

49. 13   45 Dictionnaire Universel, Franç. Latin, dit de Trévoux, *Paris*, 1743, *6 vol. in-fol*.
— Supplément de 1752, *in-fol*.

50.   46 Dictionnaire de l'Académie Françoise, *Par.* 1762, *2 vol. in-fol*.

6.   47 Dictionnaire de l'Elocution Françoise, *Par.* 1769, *2 vol. in-8*.

4. 18   48 Traité de l'Ortographe Françoise, en forme de Dictionnaire, *Poitiers*, 1752, *in-8*.

2. 10   49 Dictionnaire des Proverbes François, & des Façons de parler, comiques, burlesques, familières, (par Panckoucke) *Paris*, 1748, *in-12*.

4. 18   50 Dictionnaire Comique, Satyrique, Critique, Burlesque & Proverbial de Philibert-Joseph le Roux, *Hollande*, 1752, *2 tom. en un vol. in-8*.

51 Dictionnaire Néologique, par l'Abbé Desfontaines,
	Amsterdam, 1750, *in-8.*
52 Nouvelle Méthode Italienne de Bertera, *Paris,*
	1747, *in-12.*
53 Dictionnaire Italien François de Veneroni, *Paris,*
	1750, *in-4.*
54 Grammaire Angloise & Françoise de Miége & Boyer,
	Paris, 1745, *in-12, br.*
55 Nouvelle Méthode Angloise, de Lavery, *Paris,*
	1752, *in-12.*
56 Prononciation de la Langue Angloise, de son Ac-
	cent, de sa Prosodie, par Matth. Flint, *Par.* 1754,
	in-12. br. avec le Nº 58.
57 Dictionnaire François Anglois, & Anglois Franç.
	de Boyer, *Londres,* 1748, 2 *vol. in-4.*
58 Dictionnaire Anglois & François, François & An-
	glois, abrégé de Boyer, *Londres,* 1755, *in-8.*
59 L'Art de parler Allemand, de Léopold, *Par.* 1728,
	2 *tom. en 1 vol. in-12.*
60 Dictionnaire Allemand François, & François Alle-
	mand de Rondeau, 1732, 2 *vol. in-4.*

R H E T O R I Q U E.

61 De la Rhétorique, selon les préceptes d'Aristote,
	de Cicéron & de Quintilien. *Paris,* 1728, *in-12.*
62 Quintilien de l'Institution de l'Orateur, trad. par
	Gedoyn. *Páris,* 1752, 4 *vol. in-12.*
63 La Rhétorique de Gibert. *Paris,* 1742, *in-12.*
64 Œuvres de Cicéron, trad. par P. Du Ryer. *Par.*
	1670, 10 *vol. in-12.*
65 Cicéron des Offices, traduit par Dubois. *Páris,*
	1714, *in-12.*
66 De la Divination de Cicéron, trad. par Regnier,
	Paris, 1710, *in-12.*
67 Lettres de Cicéron à Atticus. *Par.* 1691, 2 *v. in-12.*

POETIQUE.

POETES GRECS.

16. 6 68 Le Théâtre des Grecs, par le P. Brumoy. *Paris*,
　　1730, 3 *vol. in-4*.

2. 17 69 Tragédies de Sophocle, trad. du grec par Dupuy.
　　Paris, 1762, 2 *vol. in-12*.

POETES LATINS,

ANCIENS ET MODERNES.

10. 6 70 Marci Accii Plauti Comœdiæ quæ superfunt. *Par.*
　　1759, 3 *vol. in-12. fig*.

4. 2 71 Pub. Terentii, Comœdiæ fex, ex recenfione Hein-
　　fiana. *Lugd. Bat. Elzevir*, 1635, *in-12*.

2. 72 Idem. *Londini, Brindley*, 1744, *in-18. mar*.

6. 73 Publii Terentii, Comœdiæ fex. *Parifiis*, 1753,
　　2 *vol. in-12. fig*.

74 Titi Lucretii Cari, de rerum natura, Libri VI.
　　Parifiis, Couftellier, 1744, *in-12*.

2. 75 Catullus, Tibullus & Propertius, ex edit. Mich.
　　Brochard. *Parifiis*, 1723, *in-4*.

2. 17 76 Catullus, Tibullus, Propertius, *Par. Couftellier*,
　　1743, *in-12. fig*.

3. 77 Publii Virgilii Maronis Opera. *Londini, Brindley*,
　　1744, *in-18. mar*.

9. 6 78 Publii Virgilii Maronis Opera. *Parif. Couftellier*,
　　1745, 3 *vol. in-12. fig*.

12 79 Virgile, avec la traduction de l'Abbé Desfontai-
　　nes, *Paris*, 1743, 4 *vol. in-8*.

1. 5 80 Les Georgiques de Virgile, trad. en vers françois
　　par M. Delille, *Paris*, 1770, *in-12. br*.

8. {80 * Quinti Horatii Flacci Opera, cum notis Juvencii.
　　Parif. 1728, *in-12*.
　　{80 ** Horatius. *Parif. typ. Regiis*, 1733, *in-18*.

3. 80 *** Idem. *Parif. Couftellier*, 1746, *in-12*.

3. 81 Quinti Horatii Flacci Opera. *Lond. Brindley*, 1744,
　　in-18. mar.

82 P. Ovidii Nasonis Opera. *Amst.* 1735, 3 vol. *in-*18.

83 P. Ovidii Nasonis Opera. *Paris. Barbou*, 1762,
3 vol. *in-*12. *fig.*

84 Les Métamorphoses d'Ovide en latin & en françois, trad. par Bannier, avec les figures de Bernard
Picart. *Amst.* 1732, *in-fol. gr. p. v. f. doré sur tr.*

85 Phædri Fabulæ, cura Stephani Philippe. *Paris. Bar-*
bou, 1754, *in-*12. *fig.*

86 Decii Juvenalis, & A. Persii Satyræ. *Lond. Brindley*,
1744, *in-*18. *mar.*

87 Decii Junii Juvenalis Satyræ, ex recog. Philippe.
Paris. Grangé, 1747, *in* 12.

88 Satyres de Perse, trad. en vers françois par de
Silvecane. *Lyon*, 1693, *in-*12.

89 Valerii Martialis Epigrammatum Libri. *Parisiis*,
1754, 2 vol. *in-*12.

90 Theodori Bezæ Vezelii Poëmata. *Par. Barbou*, 1757.
—— Joannis secundi Juvenilia. *Ibid.* 1757, *in-*12.

P O E T E S F R A N Ç O I S.

91 Régles de la Poësie Françoise, par de Chalons.
Paris, 1716, *in-*12.

92 Pratique de Poësie du P. Buffier, suite de sa Grammaire Françoise. *Paris*, 1728, *in-*12.
—— Traité Philosophique, & Pratique de l'Eloquence,
par le même. *Paris*, 1728, 2 vol. *in-*12.

93 Poëtique Françoise de M. Marmontel. *Par.* 1763.
2 vol. *in-*8.

94 Satyres & autres œuvres de Mathurin Regnier,
édit. donn. par l'Abbé Lenglet, *in-*4. *Les pages en-*
cadrées de filets de vignettes de fonte tirées en rouge.

95 Œuvres diverses de la Fontaine. *Paris*, 1744, 6 vol.
*in-*12. *v. f. doré sur tr.*

96 Œuvres de la Fontaine. (*Anvers*) *Paris*, 1726,
3 vol. *in-*4.

97 Nouvelles en vers, par de la Fontaine. *Amsterd.*
1762, 2 vol. *in-*8. *fig. mar. bleu.*

98 Œuvres de Nicolas Boilleau Despréaux, avec les
éclaircissemens historiques de Brossette, &c. donnés
par M. de Saint-Marc, *Paris*, 1747, 5 vol. *in-*8. *fig.*

2.— 99 Œuvres diverſes de Vergier. *Amſterdam*, 1742, 2 vol. *in-12.*

1. 10 100 Œuvres de Pavillon. *Amſt.* 1747, 2 t. 1 vol. *in-12.*

5. 10 101 Le Vice puni ou Cartouche, Poëme de Grandval. *Paris*, 1726, *in-8. fig.*

4. 16 102 Œuvres de Rouſſeau. *Londres*, 1748, 4 tomes, 2 vol. *in-12.*

5. 8 103 Les mêmes. *Amſterd.* 1734, 5 vol. *in-12.*

65. 2 104 La Henriade & Œuvres de M. de Voltaire, 1756, & ſuiv. 25 vol. *in-8.*

5. 12 105 Les Saiſons, Poëme de M. de Saint-Lambert, 1769, *in-8. fig.*

30. 106 Bibliotheque Poëtique, ou nouveau choix de Pieces diverſes en tout genre. *Par.* 1745, 4 vol. *in-4.*

1. 10 107 L'ami des Muſes, ou recueil des Pieces fugitives en vers. *Avignon*, 1758. *in-8.*

POETES ET AUTEURS DRAMATIQUES.

18. 18 108 Œuvres de Pierre & de Thomas Corneille. *Par.* 1747, 10 vol. *in-12.*

57. 8 109 Théâtre de P. Corneille, avec le Commentaire de Voltaire. 12 vol. *in-8. fig.*

12. 110 Œuvres de Moliere. *Amſt.* 1744, 4 vol. *in-12. fig.*

8. 2 111 Œuvres de Racine. *Paris*, 1741, 2 vol. *in-12. fig.*

9. 3 112 Œuvres de Regnard. *Par.* 1742, 4 vol. *in-12.*

14. 16 113 Théâtre & Lettres de Bourſault. *Paris*, 1746, 6 vol. *in-12.*

16. 16 114 Œuvres de Dancourt. *Paris*, 1748, 8 vol. *in-12.*

6. 5 115 Théâtre de le Grand. *Paris*, 1742, 4 vol. *in-12.*

10. 5 116 Œuvres de Dufreſny. *Paris*, 1747, 4 vol. *in-12.*

8. 18 117 Théâtre de Brueys. *Paris*, 1735, 3 vol. *in-12.*

14. 118 Œuvres de Crébillon. *Paris*, *Impr. Royale*, 2 tom. 1 vol. *in-4.*

13. 7 119 Théâtre & autres Œuvres de Fagan. *Par.* 1760. 4 vol. *in-12.*

5. 120 Œuvres de Théâtre de la Noue. *Par.* 1765. *in-12.*

21. 4 121 Œuvres de Néricault Deſtouches. *Paris*, 1758, 10 vol. *in-12.*

9. 122 Œuvres de Nivelle de la Chauſſée, *Par.* 1752, 3 vol. *in-12.*

123 Œuvres de Piron. *Paris*, 1758, 3 *vol. in-12.* 12.

124 Théâtre de M. de Saint-Foix. *Paris*, 1752, 11. 19
4 *vol. in-12.*

125 Le Fils naturel, ou les Epreuves de la Vertu, 3. 3
Comédie en prose de Diderot. *Amst.* 1757, *in-8.*

126 Théâtre François, ou recueil des meilleures Pieces 21. 4
de Théâtre. *Paris*, 1737, 12 *vol. in-12.*

127 Recueil général des Opéras, &c. *Paris*, 1703, 15. 6
& *suiv.* 16 *vol. in-12.*

128 Le Théâtre Italien de Gherardi, & le nouveau
Théâtre Italien, 1741 & 1753, 16 *vol. in-12.* 35. 19
129 Parodies du nouveau Théâtre Italien. *Par.* 1738,
4 *vol. in-12. avec la musique.*

POETES ITALIENS, ANGLOIS
ET ALLEMANDS.

130 Jérusalem délivrée, trad. du Tasse, par Mira- 4.
baud. *Paris*, 1735, 2 *vol. in-12.*

131 La Philis de Scire, trad. en vers François, avec 1. 4
le texte à côté par de Torches. *Par.* 1669, *in-12.*

132 L'Aminte du Tasse, trad. par Pequet, avec le 1. 19
texte à côté. *Paris*, 1734, *in-12.*

133 Pastor Fido, trad. par Pequet, avec le texte à 2. 10
côté. *Paris*, 1732, *in-12.*

134 L'Arcadie de Sannazar, traduit de l'Italien, par 1.
Pequet. *Paris*, 1737, *in-12.*

135 The Iliad of Homer, translated by Pope. *London*, 14. 17
1729, 6 *vol. in-8. fig.*

136 Œuvres diverses de Pope. *Amsterdam*, 1758, 15. 17
7 *vol. in-12.*

137 Le Paradis perdu de Milton, trad. de l'Anglois. 5. 10
Paris, 1736, 3 *vol. in-12.*

137 * The Works of John Sheffield Duke of Buckin- 9.
gham. *London*, 1740, 2 *vol. in-8.*

138 Le Théâtre Anglois, trad. par M. de la Place.
Paris, 8 *vol. in-12.* 30.
139 Le nouveau Théâtre Anglois. *Paris*, 1769,
2 *vol. in-12.*

140 Idée de la Poésie Angloise, ou traduction des 8.

meilleurs Poëtes Anglois, par l'Abbé Yart. *Paris,* 1753, 6 *vol. in-12.*

141 Théâtre Espagnol, par M. Linguet. *Paris,* 1770, 4 *vol. in-12. broc.*

142 La mort d'Abel, trad. de l'allemand de Gessner, par Huber. *Paris,* 1760, *in-12.*

143 Idylles & Poëmes Champêtres de Gessner, trad. de l'allemand par Huber. *Lyon,* 1762, *in-12. fig.*

MYTHOLOGIE, CONTES ET ROMANS.

144 L'origine des Dieux du Paganisme, & le sens des Fables & Poésies d'Hésiode, par M. Bergier. *Paris,* 1767, 2 *vol. in-12.*

145 Le Décameron de Jean Bocace, trad. par le Maçon. *Londres,* 1757, 5 *vol. in-8. fig.* doré sur tr.

146 Contes & Nouvelles de Marguerite de Valois de Bocace. Cent Nouvelles, &c. 1744, 6 *vol. in-12. v. f.* doré sur tr.

147 Contes Moraux de M. Marmontel. *La Haye,* 1761, 2 *vol. in-12.*

148 Contes, Avantures & Faits singuliers, par l'Abbé Prévost. *Paris,* 1764, 2 *vol. in-12.*

149 Amours d'Abrocome & d'Anthia, trad. de Xeno-phon, 1748, *in-8. fig.*

150 Amours de Carite & Polydore, trad. du grec. *Paris,* 1760, *in-8.*

151 Amours Pastorales de Daphnis & Chloé, 1731, *in-12. fig.*

152 Les mêmes, avec les belles figures d'Audran, sur les dessins du Duc d'Orléans, Régent. 1718, *in-8. mar. r.*

153 Amours d'Ismene & d'Ismenias. *La Haye,* 1743, *in-8. fig.*

154 Amours de Leucippe & de Clitophon, traduit d'Achile Tatius. *Amsterd.* 1733. *in-12.*

155 Amours de Théagenes & Chariclée, Histoire Ethio-pique. *Paris, Coustellier,* 1743, 2 *vol. in-8. fig.*

156 Acajou & Zirphile, Conte, 1744, *fig.* 3. 3
— Zulmis & Zelmaïde, Conte, 1745. . . . . . .
— Bien-aimé, Allégorie, 1744, *in-12.* . . . . .
157 The Adventures of David Simple. *Lond.* 1744, 2. 16
2 *vol. in-*12.
158 Avantures de Roderik Random, trad. de l'Anglois 4. 8
de Fielding, 1761, 3 *vol. in-*12. *fig.*
159 Amelie, trad. de Fielding par Mad. Riccoboni. 2. 13
Paris, 1762, 2 *vol. in-*12.
160 Amufemens des Eaux d'Aix-la-Chapelle. *Amfterd.* 5. 16
1736, 3 *vol. in-*8. *fig.*
161 L'Aftrée, par Honoré d'Urfé. *Paris,* 1647, 12.
10 *vol. in-*8.
162 Caffandre, de la Calprenede. *Paris,* 1660, 10 *vol.* 16. 10
*in-*8.
163 Caffandre, abrégé. *Paris,* 1752, 3 *vol. in-*12. 3. 19
164 Cléopatre, de la Calprenede. *Par.* 1653, 12 *v. in-*8. 30. 10
165 Le Coche, trad. de l'Anglois, par D. L. G. 2. 9
1767, 2 *vol. in-*12.
166 Les Confeffions du Comte de * * *. 1742, *in-*12. 2.
167 Le Diable boiteux, par le Sage. *Amfterd.* 1739, 4.
2 *vol. in-*12. *fig.*
168 L'Etourdie, ou Hiftoire de Mifs Betfy Tatlefs, 2. 10
trad. de l'anglois. *Paris, Prault,* 1754, 4 *vol.*
*in-*12. *broché.*
169 Pharamond, ou l'Hiftoire de France, par de la 12.
Calprenede. *Hollande,* 1664, 12 *t.* 6 *vol. in-*8.
170 Germaine de Foix, Reine d'Efpagne. *Amf.* 1701, 1. 4
— Raimond, Comte de Barcelone. *Amfterdam,*
1698, *in-*12.
171 Guftave Vafa, Hiftoire de Suéde. *Paris,* 1698, 1. 6
2 *vol. in-*12.
172 Le Hazard du Coin du feu, Dialogue moral. 1763, 3. 11
*in-*12.
173 Henriette, trad. de l'anglois. 1760, 2 *vol. in-*12. 4. 4
174 Hiftoire d'Emilie de Montague, trad. de l'angl. 2. 11
Paris, 1770, 4 *vol. in-*12. *br.*
175 Hiftoire de Gilblas de Santillane, par le Sage. 5. 5
4 *vol. in-*12. *fig.*
176 Hiftoire de Guzman d'Alfarache, purgée des 6.
Moralités, par le Sage. *Amf.* 1740, 2 *vol. in-*12.

2 - 8 177 Histoire de Jonatham Wild, trad. de Fielding. Paris, 1763, in-12.

178 Histoire de la Comtesse de Savoye. 1726, in-12.

179 Histoire de la Duchesse de Chastillon. Cologne, 1699.

—— La Duchesse de Milan. 1682, in-12.

1. 8   180 Histoire de Martinus Scriblerus, trad. de Pope. 1755, in-12.

6.   181 The History of Tom Jones a Foundling, by Fielding. Dublin, 1750, 3 vol. in-12.

8. 19   182 Le même, trad. en françois par M. de la Place. 1750, 4 vol. in-12. fig.

4. 15   183 Les illustres Françoises, Histoires véritables. Par. 1725, 3 vol. in-12.

14. 10   184 Julie, ou la nouvelle Héloïse, par J. J. Rousseau. Amsterdam, 1761, 6 vol. in-12. fig.

2. 4   185 Lettres de Milady Wortlay Montagute, trad. de l'anglois. Paris, 1764, 2 tom. 1 vol. in-12.

7. 10   186 L'Homme ou le Tableau de la vie, par l'Abbé Prévost. Par. 1764, 3 vol. in-12. fig.

3.   187 Les malheurs de l'Amour. 1747, in-12.

2. 19   188 Lettres de la Marquise de * * * au Comte de R * * *; par Crébillon fils. La Haye, 1746, 2 t. 1 vol. in-12.

6.   189 Mémoires Politiques, Amusans & Satyriques de S. N. D. B. C. (de Brazéy.) Veritopolis, (Hollande) 1735, 3 vol. in-8. fig.

10.   190 Mémoires pour servir à l'Histoire de la Vertu. Cologne, 1762, 6 vol. in-12.

1. 14   191 Mirza & Fatmé, Conte Indien. La Haye, 1754, in-12.

5. 6   192 Histoire de Miss Jenny, par Mad. Riccoboni. Paris, 1764, 2 vol. in-12. fig.

2. 12   193 Le Monde Moral, ou Mémoires pour servir à l'Histoire du cœur humain, par l'Abbé Prévost. 1760, 2 tom. 1 vol. in-12.

8.   194 Le Paysan parvenu, par de Marivaux. Paris, 1735, 8 parties, 4 vol. in-12.

2. 12   195 La Princesse de Cleves. Paris, 1752, in-12.

3.   196 Le Siege de Calais, nouvelle Historique. La Haye, 1739, 2 vol. in-12.

197 Le Sopha , Conte moral. 1720, 2 *vol. in-12.*   1. 8
198 Tarfis & Zelie, par le Vayer. *La Haye*, 1720, 11.
   3 *vol. in-12. fig.*
199 Le Temple de Guide. *Londres , in-8.*   1. 11
200 Vie de Alphonfe Blas de Lirias, fils de Gilblas. 5.
   Amfterd. 1744, *in-12. fig.*
201 Voyages de Cyrus , & un Difcours fur la My- 1. 4
   thologie, par Ramfay. *Paris*, 1728, *in-12.*
202 Voyages de Mantes, ou les Vacances de * * *. 3.
   1753, *in-12. fig.*
203 Voyages de Gulliver , trad. par l'Abbé Desfon- 4. 10
   taines. *Paris*, 1762, 2 *vol. in-12. fig.*
204 Zayde , Hiftoire Efpagnole, par Segrais , avec 4. 12
   l'origine des Romans de Huet. *Paris , 1725, 2 vol.
   in-12.*
205 Œuvres de Hamilton , les quatre Facardins, 9. 10
   Fleur d'épine , le Belier , Mémoires de Grammont,
   Œuvres diverfes. 1749, 6 *vol. in-12.*
206 Œuvres de Mad. de Ville-Dieu. *Paris*, 1741, 24.
   12 *vol. in-12.*
207 Piéces détachées de Madame Riccoboni. *Paris*, 1. 16
   1765, *in-12.*

PHILOLOGIE.

209 La maniere d'enfeigner & d'étudier les Belles- 8.
   Lettres, par Rollin. *Paris*, 1728, 4 *vol. in-12.*
210 Cours des Belles-Lettres diftribué par exercices. 5.
   Paris, 1747, 4 *vol. in-12.*
211 L'Eloge de la Folie, trad. du latin d'Erafme , par 5. 10
   Guedeville. *Paris*, 1753 , *in-12. fig. mar.*
212 . . . .
213 Œuvres de Maître François Rabelais, avec les 15. 19
   notes de le Duchat. *Paris*, 1732, 5 *vol. in-8.*
214 L'Efprit de Montaigne. *Berlin*, 1753, 2 *vol. in-12.* 1. 10
215 Entretiens d'Arifte & d'Eugene , par Bouhours.
   Paris, 1737, *in-12.*
216 Maniere de bien penfer dans les Ouvrages d'ef- 4. 16
   prit, par Bouhours. *Paris*, 1756., *in-12.*
217 Sentimens de Cléante fur les entretiens d'Arifte
   & d'Eugene, par Barbier d'Aucourt. *Par.* 1738, *in-12.*

218 Le Chef-d'œuvre d'un Inconnu, de Chryſoſtôme Mathanaſius. *Lauſanne*, 1754, 2 *vol. in*-12.

219 Querelles Littéraires, ou Mémoires pour ſervir à l'Hiſtoire des révolutions de la République des Lettres, par l'Abbé Irail. *Paris*, 1761, 4 *vol. in*-12.

220 Bibliothéque Françoiſe, ou Hiſtoire de la Littérature Françoiſe, par l'Abbé Goujet. *Paris*, 1741, 18 *vol. in*-12.

221 Journal Etranger, ou Collection de Morceaux de différens genres, &c. *in*-12.

222 Nouveaux Mémoires d'Hiſtoire, de Critique & de Littérature, par l'Abbé d'Artigny, *Paris*, 1749, 7 *vol. in*-12.

223 Jugemens ſur quelques Ouvrages nouveaux, par Desfontaines, 1744, 11 *vol. in*-12.

224 Conſeils pour former une Bibliotheque peu nombreuſe, mais choiſie, &c. par Formey, *Berlin*, 1756, *in*-12.

225 Dialogues des Morts, trad. de l'Anglois de Joncourt, *La Haye*, 1760, *in*-8.

226 Obſervations Critiques de M. Clément, ſur les Géorgiques de M. l'Abbé de Liſle, ſur les Poëmes des Saiſons, de la Déclamation, & de la Peinture, 1771, *in*-8. *br.*

227 Nouvelles Obſervations Critiques ſur différens Sujets de Littérature, par Clément, *Paris*, 1772, *in*-8.

POLYGRAPHES.

228 Lucien, de la traduct. de Perrot d'Ablancourt, *Paris*, 1733, 3 *vol. in*-12.

228 * Eſſai de Michel de Montaigne, avec les Notes de P. Coſte, *Paris*, 1725, 3 *vol. in*-4.

229 Hiſtoire ſecrette de Neron, ou le Feſtin de Trimalcion, trad. de Pétrone, par Lavaur, *Par.* 1726, *in*-12.

230 Œuvres diverſes de Pierre Bayle, *La Haye*, 1737, 4 *vol. in-fol.*

231 . . . .
. . . .

232 Recueil de Piéces galantes, en Proſe & en Vers,

par la Comtesse de la Suze & Pélisson, *Trévoux*,
1741, 5 vol. *in-12*.

233 Œuvres diverses de Saint-Evremond, avec sa Vie, 16*
par Des Maizeaux, 1740, 10 vol. *in-12*.

234 Œuvres de Scarron, *Par.* 1752, 9 *vol. in-12. v. f.* 9.

235 Œuvres de Saint-Réal, *Par.* 1757, 8 *vol. in-12.* 14..

236 Œuvres diverses de Cyrano de Bergerac, *Amst.* 4.
1761, 3 *vol. in-12*.

237 Œuvres de Houdar de la Mothe, *Paris*, 1754, 24.
11 *vol. in-12*.

238 Œuvres diverses de Fontenelle, *Par.* 1724, 3 *vol.* 5.7
in-12.

239 L'Esprit de Fontenelle, ou Recueil de Pensées tirées
de ses Ouvrages, 1744, *in-12*.

240 Œuvres de Montesquieu, 1757, 7 *vol. in-12.* 16.

241 Œuvres du Philosophe de Sans-Soucy, 1750, 8.
2 *vol. in-8*.

242 Essais sur divers sujets de Littérature & de Morale, 4.19
par l'Abbé Trublet, *Paris*, 1754, 4 *vol. in-12*.

243 Œuv. diverses de J. J. Rousseau, 1759, 2 *v. in-12.* 6.

244 Mélanges de Littérature, d'Histoire & de Philo- 9.
sophie, par M. d'Alembert, *Amst.* 1759, 4 *v. in-12.*

245 Mélanges d'Histoire, de Littérature, de Jurispru- 1.10
dence Littéraire, de Critique, par Terasson, *Par.*
1768, *in-12*.

246 Mes Loisirs, *Paris*, 1765, *in-8. maroq.* - - - - 5. 6

246 * The Lucubrations, of Isaac Bickerstaff, *Lond.* 3.
1752, 4 *vol. in-18*.

246 ** The Edimburgh entertainer, or Historical and 1. 4
Poetical collections. *Edimburgh*, 1750, *in-12*.

E P I S T O L A I R E S.

247 Lettres de Fléchier, *Paris*, 1711, *in-12.* - - - - 1. 11

248 Lettres sur les Anglois, les François & les Voya- 2. 5
ges, *Cologne*, 1727, *in-8*.

249 Lettres Historiques & Galantes de Mad. Dunoyer, 17.16.
1757, 8 *vol. in-12*.

HISTOIRE.

GEOGRAPHIE.

251 Géographie Ancienne abrégée, par M. d'Anville, Par. 1768, 3 vol. in-12. fig. br.

252 Tablettes Géographiques, pour l'intelligence des Historiens & des Poëtes Latins, Par. 1755, 2 vol. in-12.

253 Géographie Générale, trad. du lat. de Bernard Varenius, par Jurin, trad. de l'Anglois, Par. 1755, 4 vol. in-12.

254 La Géographie & Cosmographie d'Ozanam, Par. 1720, in-8. fig.

255 Méthode de Géographie de Robbe, Par. 1746, 2 vol. in-12. fig.

256 Géographie Moderne, de Nicolle de la Croix, Par. 1758, 2 vol. in-12.

257 Dictionnaire Géographique portatif, trad. de Laurent Echard, par Vosgien, & donné par l'Abbé l'Advocat, Par. in-8.

258 Abrégé portatif du Dictionnaire Géographique de la Martiniere, Par. 1759, 2 vol. in-8.

259 Le grand Dictionnaire Géographique, Historique & Critique de la Martiniere, Dijon, 1739, 6 vol. in-fol.

260 Atlas Historique de Gueudeville, Leyde, 7 vol. in-fol. fig.

261 8 Cartes Géographiques, collées sur Toile.

262 Cartes Géographiques de la Westphalie & du Rhin, dans un Carton en forme de Livre, in-8.

VOYAGES.

263 Histoire générale des Voyages, ou nouvelle Collection de Voyages par Mer & par Terre, recueillis par l'Abbé Prevost, Par. 1746 & suiv. 17 v. in-4.

264 Voyages en France, en Italie, & aux Isles de l'Archipel, trad. de l'Anglois, Par. 1763, 4 v. in-12.

265 Voyage d'Italie, de Miſſon, avec le Supplément 7.4
de Addiſſon, *Utrecht*, 1722, 4 *vol. in-12. fig.*

266 Voyages de Labat, en Eſpagne & en Italie, *Par.* 12
1730, 8 *vol. in-12.*

267 Les Voyageurs modernes, ou Abrégé de pluſieurs 6. 10
Voyages en Europe, Aſie & Afrique, *Par.* 1760,
4 *vol. in-12.*

268 Voyage en Sibérie, de Gmelin, trad. du Ruſſe par 3. 6
M. de Keralio, *Paris*, 1767, 2 *vol. in-12.*

269 Voyage de Robertſon aux Terres Auſtrales, trad.
de l'Anglois, 1767, *in-12. br.*   10.

270 Voyage autour du Monde, fait en 1740, 41, 42,
43, 44, par George Anſon, trad. de l'Anglois,
Amſt. 1751, *in-4. fig.*

271 Recueil de Voyages au Nord, *Amſterd.* 1715, 8.
8 *vol. in-12. fig.*

272 Voyages de Moſcovie, Tartarie & Perſe, de 4. 6
Adam Olearius, trad. par Wiquefort, *Amſt.* 1727,
2 *tom. en* 1 *vol. in-fol. fig.*

273 Voyages de Tavernier en Turquie, en Perſe, & 5. 19
aux Indes, *Paris*, 1681, 3 *vol. in-4.*

273 * Voyage de Dalmatie, de Grece & du Levant 2. 10
par George Wheler, *La Haye*, 1723, 2 *v. in-12, fig.*

274 Mémoires du Chevalier d'Arvieux à Conſtantino- 11. 5
ple, Barbarie, Egypte, Paleſtine, &c. donnés par
Labat, *Paris*, 1735, 6 *vol. in-12.*

275 Voyage de Paul Lucas en Turquie, Aſie, Servie, 5.
Paleſtine, &c. *Rouen*, 1724, 3 *vol. in-12. fig.*

276 Voyages de Siam, des PP. Jéſuites, &c. par le P. 4.
Tachart, *Paris*, 1686, 2 *vol. in-4. fig.*

277 Voyage aux Indes Orientales, par Jean Henry 1. 9
Groſe, trad. de l'Anglois, *Paris*, 1758, *in-12.*

278 Voyages de François Coreal aux Indes Occidenta- 3. 4
les, *Amſt.* 1722, 3 *vol. in-12. fig.*

279 Relation Hiſtorique de l'Ethyopie Occidentale, pa 10. 5
Labat, *Paris*, 1732, 5 *vol. in-12. fig.*

280 Voyages du Chevalier des Marchais en Guinée, 8. 18
Iſles voiſines, & à Cayenne, en 1725, 26, 27, donnés
par le P. Labat. *Amſt.* 1731, 4 *vol. in-12. fig.*

281 Nouveau Voyage aux Iſles de l'Amérique, par 31. 10
Labat, *Paris*, 1742, 8 *vol. in-12. fig.*

C

282 Voyage Historique de l'Amérique Méridionale, fait par ordre du Roi d'Espagne, par Dom George Juan, & Dom Antoine de Ulloa, avec l'Histoire des Incas du Pérou. *Amst.* 1752, 2 *vol. in-4. fig.*

283 Voyage fait par ordre du Roi, en 1750 & 51, dans l'Amérique Septentrionale, par M. de Chabert. *Paris, Imprim. Royale,* 1753, *in-4. fig.*

CHRONOLOGIE ET HISTOIRE UNIVERSELLE.

284 Tablettes Chronologiques de l'Histoire Univerfelle Sacrée & Profane, Ecclésiastique & Civile, par l'Abbé Lenglet du Fresnoy. *Paris,* 3 *vol. in-8.*

285 Histoire de l'Eglise, & de l'Empire, de le Sueur. *Geneve,* 1674, 5 *vol. in-4.*

286 Discours fur l'Histoire Univerfelle, par Benigne Bossuet. *Paris,* 1739, 2 *vol. in-12.*

287 Introduction à l'Histoire Générale & Politique de l'Univers, par de Puffendorf. *Amsterd.* 1738, 9 *vol. in-12. fig.*

288 Histoire Univerfelle Sacrée & Profane, compofée pour Mefdames de France, par Hardion. *Paris,* 1754, 12 *vol. in-12.*

289 Histoire Univerfelle du XVI Siecle, par Linguet, ou Suite de l'Histoire Univerfelle de Hardion. *Par.* 1769, 2 *vol. in-12. br.*

290 Mémoires de M. de ***, pour fervir à l'Histoire du XVII Siecle. *Amst.* 1760, 3 *vol. in-12.*

291 Abrégé de l'Histoire Univerfelle, depuis Charlemagne jufqu'à Charles V, par M. de Voltaire. *Lond.* 1753, 2 *vol. in-12.*

292 Anecdotes Historiques, Militaires & Politiques de l'Europe, depuis Charles V, jufqu'au Traité d'Aix-la-Chapelle, par Raynal. *Amst.* 1753, 2 *v. in-12.*

293 Histoire générale des Guerres, par M. le Chevalier d'Arcq. *Par. Impr. Royale,* 1756, 2 *v. in-4. fig.*

294 Ecole Militaire, par Raynal. *Paris,* 1762, 3 *vol. in-12.*

295 Annales Politiques de l'Abbé de Saint-Pierre. 1758, 2 *vol. in-12.*

296 L'Espion dans les Cours des Princes Chrétiens, &c. 14
Cologne, 1739, 7 v. in-12.
297 Traité des différentes Preuves qui servent à établir
la vérité de l'Histoire, par Griffet. Liége, 1769,
in-12. br.

HISTOIRE SAINTE, DES PAPES,

DES ORDRES RELIGIEUX ET MILITAIRES,

DE L'INQUISITION.

298 Histoire des Papes, depuis S. Pierre jusqu'à nos
jours, 5 vol. in-4.
299 Vie d'Alexandre VI, & de César Borgia, trad. de
l'Anglois. Amst. 1732, 2 vol. in-12.
300 Vie de César Borgia, fils du Pape Alexandre VI.
La Haye, 1736, 2 vol. in-12.
301 La Vita del Duca Valentino, da Tomaso Tomasi,
1655, in-4.
302 Recueils concernant les Jésuites de Paris, de Bretagne, &c. 2 vol. in-12.
303 Les Jésuites Marchands, Usuriers, &c. 1759,
in-12.
304 L'Histoire des Chevaliers Hospitaliers de Saint-
Jean de Jérusalem, depuis Chevaliers de Rhodes, &
aujourd'hui Chevaliers de Malthe, par l'Abbé de
Vertot. Paris, 1726, 4 vol. in-4. fig.
305 Le Manuel des Inquisiteurs, à l'usage des Inquisiteurs d'Espagne & de Portugal, tiré du lat. de Nic.
Eymeric. 1762, in-12.

HISTOIRE ANCIENNE.

HISTOIRE GRECQUE.

306 Histoire des Juifs, de Flavius Joseph, trad. par
Arnauld d'Andilly. Paris, 1744, 6 vol. in-12.
307 Histoire du Peuple de Dieu, par Berruyer. Par.
18 vol. in-12.
308 Histoire Ancienne des Egyptiens, des Carthagi-
nois, des Assyriens, des Medes, des Perses, des

Macédoniens & des Grecs, par Rollin. *Par.* 1730 ; 14 *vol. in-12.*

309 Q. Curtii Rufi, Historiarum Libri. *Lugd. Bat. Elzevir,* 1656, *in-12. mar.*

310 Histoire du Siecle d'Alexandre, par Linguet. 1762, *in-12.*

311 Histoire de Grece, trad. de l'anglois de Stanyan. *Paris,* 1743, 3 *vol. in-12.*

312 Abrégé de l'Histoire Grecque, depuis les tems héroïques jusqu'à la réduction de la Grece en Province Romaine. *Paris,* 1764, *in-12.*

313 Observations sur l'Histoire de la Grece, ou des causes de la prospérité & des malheurs des Grecs. *Geneve,* 1766, *in-12.*

HISTOIRE ROMAINE.

314 Histoire Romaine, &c. par M. Rollin. *Paris,* 1739.
— Histoire des Empereurs, par Crevier. *Paris,* 1749, 26 *vol. in-12.*

315 Histoire Romaine, depuis la fondation de l'Empire, &c. par P. P. Catrou & Rouillé. *Paris,* 1725, 20 *vol. in-4. fig.*

316 Histoire Romaine, avec des réflexions critiques & politiques, par l'Abbé Tailhie. *Paris,* 1755 ; 4 *vol. in-12.*

317 Caii Velleii Paterculi, Historiæ Romanæ, Libri II. ex edit. Step. Ant. Philippe. *Parisiis,* 1746, *in-12.*

318 Eutropii Breviarium Historiæ Romanæ. *Parisiis,* 1746, *in-12.*

319 Caii Salustii Crispi quæ extant. *Lond. Brindley,* 1744, *in-18. mar. bleu.*

320 Caii Sallusti Crispi quæ extant. *Par.* 1744, *in-12.*

321 Salluste traduit en françois. *Paris,* 1675, *in-12.*

322 Discours Historiques & Politiques sur Salluste, trad. de l'anglois de Gordon. 1759, 2 *vol. in-12.*

323 Caii Julii Cæsaris quæ extant. *Londini, Brindley,* 1744, 2 *vol. in-18. mar. bl.*

324 C. Julii Cæsaris Commentaria de Bello Gallico. *Parisiis, Barbou,* 1755, 2 *vol. in-12.*

325 Les Commentaires de Céfar, avec les notes hif- 5
toriques & géographiques de M. d'Anville. *Amft.*
1763, 2 *vol. in-12. fig.*

326 Cornelii Taciti quæ extant, ex recenfione J. N. 8.
Lallemand. *Parifiis, Barbou, 1760, 3 vol. in-12.*

327 Traduction de quelques morceaux de Tacite, par
l'Abbé de la Bletterie. *Paris, 1755, 2 vol. in-12.* 4

328 Les fix premiers Livres des Annales de Tacite,
par M. l'Abbé de la Bletterie. *Paris, Impr. Royale,*
1768, 3 *vol. in-12.*

329 Difcours Hiftoriques, Critiques & Politiques fur 4.
Tacite, trad. de l'anglois de Gordon, (par de Sil-
houette.) *Amfterd.* 1742, *in-12.*

330 Abrégé Chronologique de l'Hiftoire des Empereurs. *Paris,* 1753, *in-8.*

331 Hiftoire des Révolutions Romaines, par l'Abbé 6.
de Vertot. *Paris,* 1753, 5 *vol. in-12.*

332 Hiftoire du bas-Empire depuis Conftantin le 24.16
Grand, par le Beau. *Paris,* 1757 & *fuiv.* 14 *vol.*
in-12.

333 Hiftoire des Drufes, peuples du Liban, formé 1.
par une colonie de François, par M. Puger de
Saint-Pierre. *Paris,* 1763, *in-12. fig.*

334 Confidérations fur les caufes de la grandeur, 1.
& de la décadence des Romains, par Montefquieu.
Paris, 1755, *in-12.*

335 Hiftoire de l'Impératrice Irene. 1762, *in-12.*

336 Hiftoire des Croifades pour la délivrance de la 6. 4
Terre-Sainte, par Maimbourg. *Paris,* 1687, 4 *vol.*
in-12.

336 * Traité des Mefures itinéraires anciennes & mo-1.
dernes, par M. d'Anville. *Paris, Imprim. Royale,*
1759, *in-8. br.*

337 Hiftoire des grands Chemins de l'Empire Ro-24.
main, par N. Bergier. *Bruxelles,* 1728, 2 *vol.*
in-4. fig. gr. pap.

HISTOIRE DE FRANCE.

TOPOGRAPHIE DE LA FRANCE.

338 Notice de l'ancienne Gaule, tirée des monumens Romains, par M. d'Anville. *Paris*, 1760, *in-4. fig.*

339 Description Historique & Géographique de la France ancienne & moderne, par l'Abbé de Longuerue, 1722, *in-fol. fig.*

340 Dictionnaire Universel de la France ancienne & moderne, par Saugrain. *Par.* 1726, 3 *vol. in-fol.*

341 Etat de la France, extrait des Mémoires des Intendans du Royaume, &c. recueilli, par le Comte de Boulainvilliers. *Londres*, 1752, 8 *vol. in-12.*

342 Théâtre des Antiquités de Paris, par Jacq. du Breul. *Paris*, 1612, *in-4.*

343 Histoire de la Ville de Paris, par l'Abbé Desfontaines. *Paris*, 1735, 5 *vol. in-12.*

344 Essais Historiques sur Paris, par M. de Saint-Foix. 1755, 5 *vol. in-12.*

344 * Description de la Généralité de Paris. *Paris*, 1759, *in-8.*

344 ** Journal du Citoyen. 1754, *in-8.*

345 Route de Paris à Calais, en plusieurs cartes collées sur toile, dans un carton en forme de livre, *in-8.*

346 Histoire de la réunion de la Bretagne à la France, par l'Abbé Irail. *Paris*, 1764, *in-12.*

HISTOIRE GÉNÉRALE DE LA FRANCE.

347 Histoire Universelle de Jacques-Auguste de Thou, depuis 1543 jusqu'en 1607. *Londres*, 1734, 16 *vol. in-4.*

348 Histoire de France depuis Pharamond jusqu'à Henri IV, par Mezeray. *Paris, Guillemot,* 1643, 3 *vol. in-fol. fig.*

349 Abrégé Chronologique de l'Histoire de France, par Mezeray. *Paris*, 1668, 3 *vol. in-4.*

350 Histoire de l'origine & progrès de la Monarchie

Françoise , par Guillaume Marcel. *Paris*, 1686,
4 *vol. in-12. fig.*

351 Histoire de France, par Chalons. *Paris*, 1720,
3 *vol. in-12.*

352 Histoire de France depuis l'établissement de la
Monarchie Françoise dans les Gaules , par le Père
Daniel, édit. augmentée, des notes du P. Grif-
fet. *Paris*, 1755, 17 *vol. in-4.*

353 Histoire de France, de Velly, Villaret & Gar-
nier. *Paris*, 1755, *& suiv.* 22 *vol. in-12.*

354 Abrégé Chronologique de l'Histoire de France ,
par le Président Henault. *Paris*, *in-8.*

355 Mémoires Historiques & Critiques sur divers
points de l'Histoire de France, par Mezeray. *Amst.*
1753, *in-8.*

HISTOIRE PARTICULIERE DES ROIS
DE FRANCE.

356 Histoire du regne de Charlemagne, par de la
Bruere. *Paris*, 1745, *in-12.*

357 Histoire de Charles VII, par Baudot de Juilly.
Paris, 1754, 2 *vol. in-12.*

358 Mémoires de Philippe de Comines , contenant
l'Histoire de Louis XI & de Charles VIII, avec
les notes de Godefroy, donnés par l'Abbé Lenglet
du Fresnoy. *Paris*, 1747 , 4 *vol. in-4.*

359 Anecdotes de François premier, par Mlle. de
Lussan. *Londres*, 1748, 3 *vol. in-12.*

360 Histoire de François premier, par Gaillard. *Par.*
1766, 7 *vol. in-12.*

361 Histoire du Chevalier Bayard , sans peur & sans
reproches , par M. Guyard de Berville. *Paris*, 1765,
in-12.

362 Mémoires de la Vie de François de Scepeaux de
Vielleville. *Paris*, 1757, 5 *vol. in-8.*

363 Journal de Henri III , par Pierre de Lestoille.
Paris, 1744, 5 *vol. in-8.*

364 Mémoires de Condé , servant de preuves & d'éclair-
cissement à l'Histoire de M. de Thou. *Londres*, 1743,
6 *vol. in-4. fig.*

365 Satyre Ménippée de la vertu du Catholicon d'Espagne, &c. *Ratisbonne*, 1726, 3 *vol. in-8. fig.*

366 Journal du regne de Henri IV, par Lestoille. (*La Haye*,) *Paris*, 1741, 4 *vol. in-8.*

367 L'esprit de la Ligue, ou Histoire politique des troubles de France pendant les XVI & XVII siecles, par M. l'Abbé Anquetil. *Paris*, 1767, 3 *vol. in-12.*

368 Mémoires de Sully, édit. donnée par l'Abbé de l'Ecluse, avec le Supplément. 1745, 9 *vol. in-12.*

369 Eloge Historique de Henri le Grand. *Paris*, 1769, *in-12.*

370 Histoire des Guerres civiles de France sous François I, Charles IX, Henri III & Henri IV, trad. de l'Italien de Davila. *Amsterdam*, (*Paris*,) 1757, 3 *vol. in-4.*

371 Observations sur l'Histoire de France, par M. l'Abbé de Mably. *Geneve*, 1765, 2 *vol. in-12.*

372 Histoire de la mere & du fils Marie de Médicis & Louis XIII, par Mezeray. *Amsterdam*, 1731, 2 *vol. in-12.*

373 Histoire de Louis XIII, par Michel le Vassor. *Paris*, 1757, 7 *vol. in-4.*

374 Histoire de Louis XIII, par M. de Bury. *Paris*, 1768, 4 *vol. in-12.*

375 Maximes d'Etat, ou Testament politique du Cardinal de Richelieu. *Paris*, 1764, 2 *vol. in-8.*

375 * Mémoires particuliers pour servir à l'Histoire de France, sous les regnes de Henri III, Henri IV & Louis XIII. *Paris*, 1756, 4 *vol. in-12.*

376 Mémoires du Cardinal de Retz & de Joly. *Geneve*, 1751, 7 *vol. in-12.*

377 Mémoires de Mlle. de Montpensier. *Amsterdam*, 1746, 8 *vol. in-12.*

378 Histoire de Louis XIV, par Pélisson. *Par.* 1749, 3 *vol. in-12.*

379 Le Siecle de Louis XIV, publié par de Franckeville. *Berlin*, 1753, 4 *tom.* 2 *vol. in-12.*

380 Mémoires du Duc de Rohan. *Amsterdam*, 1756, 4 *vol. in-12.*

381 Histoire des troubles des Cevennes, ou de la Guerre des Camisards. 1760, 3 *vol. in-12.*

382

382 Mémoires de Pontis fous Henri IV, Louis XIII & Louis XIV. *Paris*, 1715, 2 *vol. in*-12.

383 Campagnes du Maréchal de Villars en Allemagne en 1703. *Amft.* 1762, 2 *vol. in*-12.

384 Recueil de Lettres pour fervir à l'Hiftoire Militaire de Louis XIV, par Griffet. *Paris*, 1760, 4 *vol. in*-12.

385 Lettres & Mémoires de Mad. de Maintenon. 1756, 12 *vol. in*-12.

386 Hiftoire des Gaules, par de Buffy Rabutin. 1754, 5 *vol. in*-12.

387 Mémoires de la Régence de S. A. S. le Duc d'Orléans. *La Haye*, 1739, 3 *vol. in*-12. *fig.*

388 Journal Hiftorique, ou Faftes de Louis XV. *Par.* 1766, 2 *tom.* en 1 *vol. in*-8.

389 Hiftoire du Syftême des Finances fous la minorité de Louis XV. *La Haye*, 1739, 6 *tom.* 3 *vol. in*-12.

390 Hiftoire générale & particuliere du Vifa fait en France. *La Haye*, 1743, 4 *vol. in*-12.

391 Campagnes du Maréchal de Noailles en Allemagne en 1743. *Amft.* 1760, 2 *vol. in*-12.

392 Campagne du Maréchal de Coigny en Allemagne en 1743, 44. *Amfterd.* 1761, 8 *vol. in*-12.

393 Mémoires de Duguay-Trouin. *Par.* 1740, *in*-4. *fig.*

394 Mémoires de l'Abbé de Montgon. *Laufanne*, 1752, 8 *vol. in*-12.

395 Pieces originales & Procédures du Procès de François-Robert Damiens. *Paris*, 1757, 4 *vol. in*-12.

MÉLANGES DE L'HISTOIRE DE FRANCE,

DU GOUVERNEMENT,

DES FINANCES, &c.

396 Les origines, ou l'ancien Gouvernement de la France, de l'Allemagne & de l'Italie. *La Haye*, 1757, 4 *vol. in*-12.

397 Quel fut l'état des perfonnes en France, fous la

première & la seconde race de nos Rois, par M. l'Abbé de Gourcy. *Paris*, 1769, *in-12.*

398 L'Etat de la France, contenant l'état de la Noblesse, le Clergé, la Cour, la Maison du Roi, les Grands Officiers, &c. *Paris*, 1749, 6 *vol. in-12.*

399 Almanach Royal, 1770, 71. *in-8.*

400 Recherches & Considérations sur les Finances de France, depuis 1595 jusqu'en 1721. *Basle*, 1758, 2 *vol. in-4.*

401 Essais sur la qualité des Monnoyes étrangeres, avec leurs rapports avec les Monnoyes de France, par M. Macé de Richebourg. *Paris*, *Impr. Royale*, 1764, *in-fol. br.*

402 Recueil de Pieces Fugitives pour servir à l'Histoire de France, par M. le Marquis Daubai. *Par.* 3 *vol. in-4.*

HISTOIRE D'ALLEMAGNE, D'ITALIE,

D'Espagne et de Portugal.

403 Histoire du regne de Charles-Quint, trad. de l'anglois de Robertson, par M. Swart, *Paris*, 1771, 6 *vol. in-12. br.*

403 * Histoire des Guerres d'Italie, trad. de l'italien de Guichardin. *Paris*, 1738, 3 *vol. in-4. gr. p.*

404 Nouveaux Mémoires ou Observations sur l'Italie & les Italiens, par deux Gentilshommes Suédois, (M. Grosley.) 1764, 3 *vol. in-12.*

405 Histoire du Royaume de Naples, trad. de l'Italien de P. Giannone. *La Haye*, 1742, 4 *vol. in-4.*

406 Histoire de Jeanne première, Reine de Naples, Comtesse de Piedmont, de Provence & de Forcalquier. *Paris*, 1764, *in-12.*

407 Histoire de la République de Genes depuis son établissement. *Paris*, 1742, 3 *vol. in-12.*

408 Histoire de Venise, trad. de Bapt. Naui. *Paris*, 1679, 4 *vol. in-12.*

409 Vie de Laurent de Médicis, surnommé le pere des Lettres, *Paris*, 1761, *in-12.*

410 Vie de Philippe Strozzi, premier Commerçant de
Florence & de toute l'Italie fous les regnes de Charles V & de François I, trad. du Tofcan par M. Re-
quier. *Paris*, 1762, *in-12*.

411 Mémoires Hiftoriques, Militaires & Politiques de
M. Jauffin fur l'Ifle de Corfe. *Laufanne*, 1758,
2 *vol. in-12. fig.*

412 Hiftoire générale d'Efpagne, trad. de Mariana,
par le R. P. de Charenton. *Paris*, 1725, 5 *vol.*
in-4. gr. p. fig.

413 Hiftoire générale d'Efpagne, trad. de Ferreras,
par M. d'Hermilly. *Paris*, 1742, 10 *vol. in-4. fig.*

414 Mémoires pour fervir à l'Hiftoire d'Efpagne fous
le regne de Philippe V, trad. du Marquis de Saint-
Philippe. *Amfterd.* 1756, 4 *vol. in-12.*

415 Hiftoire du Cardinal Granvelle, Viceroi de Naples, Miniftre de Charles V & de Philippe II. *Par.*
1761, *in-12*.

416 Hiftoire de la Guerre de Flandre, trad. de Fa-
mianus Strada, par P. Duryer. *Paris*, 1675, 4 *vol.*
in-12. fig.

417 Hiftoire des Guerres de Flandre, trad. de l'italien du Cardinal Bentivoglio, par M. Lôifeau.
Paris, 1769, 4 *vol. in-12.*

418 Révolutions de Portugal, par l'Abbé de Vertot.
Paris, 1750, *in-12*.

HISTOIRE D'ANGLETERRE,
D'ECOSSE ET D'IRLANDE.

HISTOIRE DES PAYS SEPTENTRIONAUX.

419 Hiftoire d'Angleterre de Rapin Thoyras. *La Haye*,
1727 *& fuiv.* 13 *vol in-4.*

420 Hiftoire d'Angleterre, depuis la defcente de Jules-
Céfar jufqu'en 1748, trad. de l'anglois de T. Smo-
lett, par Targe. *Orléans*, 1759, 19 *vol. in-12.*

421 Hiftoire des Maifons de Plantagenet, de Tudor
& de Stuart, trad. de Hume, &c. *Paris*, 1760
& fuiv. 6 *vol. in-4.*

422 Hiftoire d'Angleterre depuis le Traité d'Aix-la-Chapelle en 1748, jufqu'au Traité de Paris en 1763, ou continuation des Hiftoires de MM. Smollet & Hume, par M. Targe. *Par.* 1768, 5 *vol. in-12.*

423 Hiftoire du regne de la Reine Anne d'Angleterre, trad. de Swift. *Amfterd,* 1765, *in-12.*

424 Hiftoire du Miniftere de Robert Walpool. *Amft.* 1764, 3 *vol. in-12.*

425 Hiftoire du Parlement d'Angleterre, par l'Abbé Raynal. 1751, 2 *vol. in-8.*

426 Hiftoire d'Ecoffe fous les regnes de Marie Stuart & Jacques VI, trad. de l'anglois de Robertfon, par M. l'Abbé Morellet. 1764, 3 *vol. in-12.*

427 Hiftoire de l'Iflande ancienne & moderne, par de Mageoghegan. *Paris,* 1758, 3 *vol. in-4. fig.*

428 Etat du Royaume de Dannemark en 1692. *Amft.* 1695, *in-12.*

429 Hiftoire des Révolutions de Suéde par de Vertot. *Paris,* 1751, 2 *vol. in-12.*

430 Hiftoire de Guftave-Adolphe, Roi de Suéde. *Amfterd.* 1764, 4 *vol. in-12.*

431 Hiftoire de Chriftine, Reine de Suéde, par Lacombe. *Paris,* 1762, *in-12.*

432 Hiftoire de Jean Sobieski, par l'Abbé Coyer. *Paris,* 1761, 3 *vol. in-12.*

433 Journal Hiftorique de la Campagne de Dantzic en 1734. *Paris,* 1761, *in-12.*

434 Mémoires pour fervir à l'Hiftoire de la Maifon de Brandebourg, (par le Roi de Pruffe.) *Berlin,* 1751, *in-8. fig.*

435 Hiftoire des Révolutions de l'Empire de Ruffie, par Lacombe. *Par.* 1760, *in-12.*

436 Abrégé Chronologique de l'Hiftoire du Nord, par Lacombe. *Paris,* 1762, 2 *vol. in-8.*

HISTOIRE DES PAYS HORS
DE L'EUROPE.

437 Hiftoire des Turcs, par Chalcondyle, & la continuation de Mezeray. *Paris,* 1663, 2 *vol. in-fol.*

438 Abrégé Chronologique de l'Hiſtoire Ottomane,
par M. de la Croix. *Par.* 1768, 2 *vol. in*-8.

439 Obſervations ſur la Religion, les Loix, le Gouvernement & les Mœurs des Turcs, trad. de l'Anglois.
Paris, 1769, 2 *vol. in*-12. *br.*

440 Hiſtoire des Arabes, ſous le Gouvernement des
Califes, par l'Abbé de Marigny. *Par.* 1750, 4 *vol.
in*-12.

441 Deſcription & Hiſtoire Naturelle du Groenland,
par Eggede, trad. en François, par D. R. D. P.
Copenhague, 1763, *in*-8.

441 * Hiſtoire Naturelle de l'Iſlande, du Groenland,
du Détroit de Davis, trad. de l'Anglois de Anderſon,
par M. Eidous. *Paris*, 1750, 2 *vol. in*-12. *fig.*

442 Recueil d'Obſervations curieuſes ſur les Mœurs,
Coutumes, Uſages des différens Peuples de l'Aſie,
de l'Afrique, & de l'Amérique. *Par.* 1749. 4 *v. in*-12.

443 Mélanges intéreſſans & curieux, ou Abrégé d'Hiſtoire Naturelle, Morale, Civile & Politique de
l'Aſie, l'Afrique & l'Amérique, & des Terres Polaires,
par M. R. de Surgy. *Paris*, 1763, 2. *tom. en* 1 *vol.
in*-12.

444 Mémoires Géographiques, Phyſiques & Hiſtori-
ques, ſur l'Aſie, l'Afrique & l'Amérique, extr. des
Lettres édifiantes des Jéſuites, par M. de Surgy,
Paris, 1767, 4 *vol. in*-12.

445 Hiſtoire des Découvertes faites par les Européens
dans les différentes Parties du Monde, trad. de l'Angl.
de Barrow, par Targe. *Par.* 1766, 12 *vol. in*-12.

446 Deſcription Géographique, Hiſtorique, Chronologique, Politique & Phyſique de la Chine & de la
Tartarie Chinoiſe, par le P. Duhalde. *Par.* 1735,
4 *vol. in-fol. gr. pap. fig.*

447 Lettres de M. Dortous de Mairan, au P. Parrenin,
ſur la Chine. *Par. Impr. Royale*, 1770; *in*-8. *br.*

448 Hiſtoire de la derniere Révolution des Indes Orientales, par M. L. L. M. *Paris*, 1757, 2 *vol. in*-12.

449 Hiſtoire Naturelle, Civile & Politique du Japon,
trad. de Engelbert Kæmpfer. *Amſt.* 1757, 3 *vol.
in*-12. *fig.*

7. 4 450 Defcription du Cap de Bonne-Efpérance ; Hiftoire Naturelle du Pays, la Religion & Mœurs des Hottentots, par Pierre Kolbe. *Amft.* 1741, 3 *vol. in-*8. *fig.*

4. 15 451 Hiftoire de l'Afrique Françoife, par M. l'Abbé Demanet. *Paris*, 1767, 2 *vol. in-*12. *fig.*

2. 12 452 Mémoires du Colonel Lawrenfe, contenant l'Hiftoire de la Guerre de l'Inde, depuis 1750 jufqu'en 1760, par Richard Owen. *Cambridge, Par.* 1766, 2 *vol. in-*12.

1. 4 453 Effai fur les Colonies Françoifes, ou Difcours Politique fur la Colonie de Saint-Domingue. 1754, *in-*12.

3. 12 454 Nouveau Voyage aux Indes Occidentales, par Boffu. *Paris*, 1768, 2 *vol. in-*12. *fig.*

5. 2 455 Hiftoire des Colonies Européennes dans l'Amérique, trad. de l'Angl. de William Burck, par M. E. *Paris*, 1767, 2 *vol. in-*12.

20. 6 456 Hiftoire générale des Antilles, par Dutertre, *Par.* 1667, 3 *vol. in-*4. *fig.*

3. 19 457 Hiftoire de la Conquête de la Floride, trad. de Garcilaffo de la Vega, par P. Richelet. *Leyde*, 1731, 2 *vol. in-*8. *fig.*

1. 10 458 Lettres & Mémoires pour fervir à l'Hiftoire Naturelle, Civile & Politique du Cap Breton, jufqu'en 1758. *Londres*, 1760, *in-*12.

2. 12 459 Hiftoire Naturelle & Politique de la Penfilvanie, & de l'établiffement des Quakers, trad. de l'Allemand, par M. D. S. *Paris*, 1768, *in-*12.

11. 19 460 Defcription Géographique de la Guyanne, par Bellin. 1763, *in-*4. *fig.*

7. 4 461 Hiftoire Naturelle & Civile de la Californie, trad. de l'Anglois, par M. Eidous. *Paris*, 1767, 3 *vol. in-*12. *fig.*

6. 462 Hiftoire de la Louifiane, par le Page du Pratz. *Paris*, 1757, 3 *vol. in-*12. *fig.*

HISTOIRE LITTÉRAIRE.

HISTOIRE DES UNIVERSITÉS ET ACADÉMIES.

BIBLIOGRAPHIE GÉNÉRALE ET PARTICULIERE.

464 Hiſtoire de l'Univerſité de Paris, depuis ſon origine, juſqu'en 1600, par Crevier. *Par.* 1761, 7 *vol. in-*12.

465 Hiſtoire Littéraire du Siecle de Louis XIV, par l'Abbé Lambert. *Paris*, 1751, 3 *vol. in-*4.

466 Joan. Baptiſtæ Duhamel, Regiæ Scientiarum Academiæ Hiſtoria. *Pariſiis*, 1698, 1 *vol.*

— Hiſtoire de l'Académie des Sciences, depuis 1666, juſqu'en 1699. 14 *vol.*

— Depuis 1700, juſqu'en 1768. 69 *v.*

— Aurore Boréale. 1 *v.*

— Méridien de Paris. 1 *v.*

— Journal du Voyage à l'Equateur, par M. de la Condamine. 1 *v.*

— Journal du Voyage de M. de Courtanvaux. 1 *v.*

— Prix de l'Académie. 7 *v.*

— Recueil des Machines. 6 *v.*

— Sçavans Etrangers. 5 *v.*

— Tables des Matieres. 7 *v.* (112 *vol. in-*4. *fig.*)

467 Eloges des Académiciens de l'Académie Royale des Sciences, morts en 1741, 42, 43, par de Mairan. *Par.* 1747, *in-*12.

468 Hiſtoire de l'Académie Françoiſe, depuis ſon Etabliſſement juſqu'en 1652, par Péliſſon. *Par.* 1730, 2 *vol. in-*12.

469 Tranſactions Philoſophiques de la Société Royale de Londres, trad. par Bremond, depuis 1731 à 1744, & 1 vol. de Tables. *Par.* 1741, 8 *vol. in-*4.

470 Memoirs of the Royal Society, or a neuv abridgment of the Philoſophical Tranſactions, by Baddam. *London*, 1745, 10 *vol. in-*8.

470 * Eſſais de la Société de Dublin, trad. de l'Angl. par Thibault. *Par.* 1759, *in-*12.

471 Miſcellanea Berolinenſia ex ſcriptis Scientiarum So-

cietatis exhibitis. *Berolini*, 1723, & Mémoires depuis 1745 jusqu'en 1753, 16 *vol. in-*4.

18   472 Annales Typographiques, ou Notice du progrès des Connoiffances humaines, Années 1758, 59, 60, 61, 62. *Paris*, 1760, 10 *vol. in-*8.

4.   472 * Catalogue des Livres imprimés de la Bibliothéque du Roi ; *Théologie. Par. Impr. Royale*, 1739, 2 *tom. en* 1 *vol. in-fol.*

2.   473 Catalogue des Livres de Imbert de Cangé, achetés par le Roi. *Paris, Gandouin*, 1733, *in-*12. *br.*

474 Catalogue des Livres de Bernard de Rieux. *Paris, Barrois*, 1747, *in-*8. *br. Table d'Auteurs.*

475 Catalogue des Livres de Bonneau. *Paris, Damonneville*, 1754, *in-*8. *br. Table d'Auteurs.*

VIES DES HOMMES ILLUSTRES.

DICTIONNAIRES HISTORIQUES.

3. 3   476 Vies des Hommes illuftres de Plutarque, trad. par Amyot. *Par.* 1575. *in-fol.*

2. 4   477 Cornelii Nepotis excellentium Imperatorum Vitæ. *Londini, Brindley*, 1744, *in-*18. *maroq.*

2.   478 Cornelius Nepos, ex recognit. Steph. Andr. Philippe. *Parifiis*, 1745, *in-*12.

12. 3   479 Œuvres de Brantome. *Leyde*, 1722, 10 *v. in-*12.

1.   480 Vie de Pierre Aretin, par de Boifpreaux, (Desjardins) 1750.

—— Mémoire pour fervir à l'Hiftoire des Couplets fauffement attribués à Rouffeau. 1752, *in-*12,

2.   481 Vie de M. Boffuet, par de Burigny, *Par.* 1748, *in-*12.

7. 15   482 Hiftoire de Cicéron, tirée de fes Ecrits & des Monumens de fon fiecle, par l'Abbé Prevoft. *Paris*, 1749, 4 *vol. in-*12.

1. 4   483 Vie de Gafpard de Coligny. *Cologne*, 1686, *in-*12.

2. 6   484 Mémoires pour fervir à l'Hiftoire de Fontenelle & de fes Ouvrages, par Trublet. *Par.* 1761, *in-*12.

1. 10   485 Vie du Chancelier de l'Hopital. *Par.* 1764 ; *in-*12.

486 Hiſtoire de Tancrede de Rohan, par le R. P. Griffet.
Liége, 1767, *in-*12.

487 Abrégé de la Vie des plus fameux Peintres, avec
leurs Portraits, par Dezaliers d'Argenville. *Paris*,
1745, 3 *vol. in*-4. *fig.*

488 Dictionnaire Hiſtorique & Critique de Bayle.
Rotterd. 1720, 4 *vol. in-fol.*

489 Dictionnaire Hiſtorique, ou Mémoires Critiques
& Littéraires, par Proſper Marchand. *La Haye*,
1758, 2 *tom.* 1 *vol. in-fol.*

490 Dictionnaire Hiſtorique, ou Mélange curieux d'Hiſtoire Sacrée & Profane de Louis Morery. *Paris*,
1732, avec les deux Supplémens de l'Abbé Goüjet.
10 *vol. in-fol*

SCIENCES ET ARTS.

PHILOSOPHIE.

491 De l'origine des Loix, des Arts & des Sciences,
& de leurs progrès chez les anciens Peuples, par
Goguette. *Paris*, 1758, 3 *vol. in*-4.

492 Hiſtoire Critique de la Philoſophie, par Des-
landes. 1756, 4 *vol. in*-12.

493 Hiſtoire du progrès de l'Eſprit Humain dans les
Sciences & les Arts qui en dépendent, par M. Saverien. *Paris*, 1766, *in*-8.

494 Dictionnaire raiſonné des Scien-
ces, des Arts & Métiers, par une Société de Gens
de Lettres, &c. *Paris*, 1750, & *ſuiv.* 26 *vol.*
in-fol. v. filets d'or.

495 Manuel Philoſophique, ou Précis univerſel des
Sciences, (par Panckoucke pere.) *Paris*, 1748,
in - 8.

496 Nouvelle Encyclopédie portative, ou Tableau
général des connoiſſances humaines. *Paris*, 1766,
2 *vol. in*-8.

497 Manuel de l'Homme du monde, ou connoiſſances
des principaux états de la ſociété. *Par.* 1761, *in*-8.

E

498 La Philosophie applicable à tous les objets de l'esprit & de la raison, par l'Abbé Terasson. *Par.* 1754, *in-12.*

499 Nouvelle Traduction de divers morceaux choisis des Œuvres de Plutarque. *Par.* 1764, *in-12.*

500 La Morale d'Epicure, trad. de ses Ecrits, par M. l'Abbé Batteux. *Paris*, 1758, *in-8.*

501 Selecta Senecæ Philosophi Opera lat.-gallic. *Par.* Barbou, 1761, *in-12.*

502 Le Philosophe Payen, ou Pensées de Pline, avec un Commentaire par M. Formey. *Leyde*, 1759, 3 *vol. in-12.*

503 La Bibliothéque des Philosophes & des Scavans anciens & modernes. *Paris*, 1723, 2 *vol. in-8.*

LOGIQUE.

504 La Logique, ou l'Art de penser, par Nicolle. *Paris*, 1730, *in-12.*

PHILOSOPHIE MORALE,

De l'Education, des Vertus, des Vices, &c.

505 Entretiens de Phocion sur le rapport de la Morale, avec la Politique trad. de Nicocles, 1763, *in-12.*

506 De l'Education des Enfans, trad. de Locke par Coste. *Amst.* 1744, 2 *tom.* 1 *vol. in-12.*

507

508 Discours sur l'origine & les fondemens de l'inégalité parmi les Hommes, par J. J. Rousseau. *Amst.* 1755, *in-8.*

509 J. J. Rousseau à M. d'Alembert sur l'article Geneve, & sur le projet d'établir un Théâtre dans cette Ville. *Amsterd.* 1756, *in-8.*

510 Exposé succint entre MM. Hume & J. J. Rousseau. 1766, *in-12. br.*

511 Traité du vrai mérite de l'Homme, par le Maître de Claville. *Paris*, 1761, 2 *vol. in-12.*

512 Le Misantrope, contenant différens Discours sur

les Mœurs du siecle, par Van-Effen. *La Haye*, 1742, 2 *vol. in*-12.

513 Pensées & réflexions Morales, par un Militaire, *Paris*, 1768, *in*-12. *br.*

514 Parallele des Portraits du siecle, & des Tableaux de l'Ecriture sainte. 1752, 3 *vol. in*-12.

POLITIQUE GÉNÉRALE.

515 Doutes proposés aux Philosophes Economistes sur l'ordre naturel & essentiel des Sociétés politiques, par M. l'Abbé de Mably. *Par.* 1768, *in*-12.

516 Droit public de l'Europe fondé sur les Traités, par de Mably. 1764, 3 *vol. in*-12.

517 Mémoires touchant les Ambassadeurs & Ministres publics, par de Wicquefort. *La Haye*, 1677, *in*-8.

518 Histoire des Guerres & Négociations qui précéderent le Traité de Westphalie, par le P. Bougeant. *Paris*, 1744, 3 *vol. in*-4.

519 Mémoires de M. de * * * pour servir à l'Histoire des Négociations depuis le Traité de Ryswick jusqu'à la Paix d'Utrecht. *La Haye*, 1756, 3 *vol. in* 12.

Economie & Administration publique.

520 L'Ami des Hommes, ou Traité de la Population. 1756, 8 *parties*, 4 *vol. in*-4.

521 Les Economiques, par L. D. H. L'Ami des Hommes. *Paris*, 1759, 2 *vol. in*-12.

522 L'Economie Politique, projet pour enrichir & perfectionner l'espece humaine. *Paris*, 1763, *in*-12.

523 Principes & Observations Economiques. *Amsterd.* 1767, 2 *vol. in*-8.

524 Avis au Peuple sur son premier besoin, ou petits Traités Economiques. *Par.* 1768, *in*-12.

525 Essais sur l'esprit de législation favorable à l'Agriculture, la Population, le Commerce, aux Arts & Métiers, &c. *Paris*, 1766, *in*-8.

526 Recherches sur la Population des Généralités d'Auvergne, de Lyon, de Rouen, & de quelques Pro-

vinces du Royaume, par M. Meſſance. *Par.* 1766, *in-4. br.*

6. 16　527 Recueil des Teſtamens politiques de Richelieu, du Duc de Lorraine, de Colbert & de Louvois. 1749. 4 *vol.* *in-12.*

528 Teſtament Politique de Colbert. *La Haye*, 1693, *in-12.*

2. 4　529 Teſtament Politique du Maréchal de Belle-Iſle. 1761, *in-12.*

2. 8　530 Conſidérations ſur le Gouvernement ancien & préſent de la France, par le Marquis d'Argenſon. *Amſt.* 1765, *in-8.*

1.　531 Canaux navigables, ou développement de pluſieurs projets en ce genre pour la Picardie, l'Artois, la Bourgogne, & autres Provinces, par Linguet. *Par.* 1769. *in-12.*

1. 16　532 Réflexions ſur la Corvée des Chemins, ou Supplément a l'eſſai ſur la Voyerie. *Paris*, 1762, *in-12.*

Des Finances, & de l'intérêt de l'argent.

5.　533 Traité Hiſtorique des Monnoyes de France depuis le commencement de la Monarchie juſqu'à préſent, par le Blanc *in-4. fig.*

4. 19　534 Traité des Monnoyes, par de Bettanges. *Avignon*, 1760, 2 *vol. in-2.*

3. 15　535 Traité des Monnoyes, par Henri Poullain. *Par.* 1709, *in-12.*

2. 10　536 Mémoires pour ſervir à l'Hiſtoire générale des Finances, par Deon de Beaumont. 1758, 2 *vol in-12.*

537 Réflexions Politiques ſur les Finances & le Commerce. *La Haye*, 1738, 2 *vol. in-12.*

4. 19　538 Examen des réflexions politiques ſur les Finances & le Commerce. *La Haye*, 1740, 2 *vol. in-12.*

539 Conſidérations ſur les Finances d'Eſpagne. 1753, *in-12.*

10. 4　540 Le Banquier & Négociant univerſel, ou Traité des Changes & Arbitrages, &c. par Thomas de Bleville. *Paris*, 1760, 2 *vol. in-4.*

2. 14　541 Le Financier Citoyen. 1757, 2 *vol. in-12.*

542 Traités ſur le Commerce, les avantages qui

résultent de la réduction de l'intérêt de l'argent, &c.
trad. de l'anglois. *Paris*, 1754, *in-12.*

543 Discours pour & contre la réduction de l'intérêt
de l'argent, trad. de l'anglois. *Paris*, 1757, *in-12.*.

544 Essais sur le Commerce, le Luxe, l'Argent, l'Intérêt de l'Argent, les Impôts, le Crédit, &c.
trad. de l'anglois de David Hume. *Paris*, 1767,
in-12.

545 Essai sur les intérêts du Commerce Maritime.
1754, *in-12.*

Des Impôts.

546 Projet d'une Dixme Royale, par de Vauban.
1707. *in-12.*

547 Du rétablissement de l'Impôt dans son ordre naturel. 1759, *in-8. br.*

548 Lettres d'un Citoyen à un Magistrat sur les
Vingtiemes, & autres Impôts. *Amst.* 1768, *in-12.*

549 Doutes proposés à l'Auteur de la Théorie de
l'Impôt, &c 1761, *in-4. br.*

550 Tarif des Droits d'entrée & de sortie des cinq
grosses Fermes. *Rouen*, 1758, 2 *vol. in-8.*

Du Commerce.

551 Histoire du Commerce & de la Navigation des
Anciens, par Huet. *Lyon*, 1763, *in-8.*

552 Histoire du Commerce & de la Navigation des
Peuples anciens & modernes. *Paris*, 1758, 2 *vol.*
in-12.

553 Intérêts des Nations de l'Europe, développés relativement au Commerce. *Hollande*, 1767, 4 *v. in-12.*

554 Essai sur la Nature du Commerce en général, trad.
de l'Anglois, par Cantilhon. 1755, *in-12.*

555 Théorie & Pratique du Commerce & de la Marine, trad. de Geronymo de Ultariz. *Paris*, 1753,
in-4.

556 Elémens du Commerce, par de Fourbonnois. *Par.*
1754, 2 *vol. in-12.*

557 Remarques sur plusieurs branches de Commerce &

de Navigation. 1757, 2 tom. en 1 vol. in-12.

558 Obſervations ſur le Commerce & les Arts, d'une partie de l'Europe, de l'Aſie, de l'Afrique & des Indes Orientales, par Jean-Claude Flachat. *Lyon*, 1766, 2 vol. in-12.

559 Recüeil d'Actes & Piéces concernant le Commerce des divers Pays de l'Europe. 1754, *in-12*.

560 Dictionnaire Univerſel du Commerce, par J. Savary. *Paris*, 1741, 3 *vol. in-fol.*

561 Manuel Hiſtorique, Géographique & Politique des Négocians, ou Encyclopédie de la Théorie & de la Pratique du Commerce. *Lyon*, 1762, 3 *vol. in-8.*

562 Proſpectus du Dictionnaire du Commerce, de M. l'Abbé Morellet. *Paris, Etiènne*, 1769, *in-8. br.*

563 Eſſai Politique ſur le Commerce, par Melon. 1736, *in-12.*

564 Queſtions ſur le Commerce des François au Levant. *Marſeille*, 1755, *in-12.*

565 Remarques ſur les avantages & les déſavantages de la France & de la Grande-Bretagne, par rapport au Commerce, trad. de l'Anglois. 1754, *in-12.*

566 Eſſai ſur l'état du Commerce d'Angleterre. *Paris*, 1755, 2 *vol. in-12.*

567 Le Négociant Anglois. *Par.* 1753, 2 *v. in-12.*

568 Hiſtoire & Commerce des Colonies Angloiſes dans l'Amérique Septentrionale. *Paris*, 1755, *in-12.*

569 Le grand Tréſor Hiſtorique & Politique du floriſſant Commerce des Hollandois. *Rouen*, 1712, *in-12.*

570 Le Commerce d'Amſterdam, par J. P. Ricard. *Amſt.* 1722, *in-4.*

571 Rétabliſſement des Manufactures & du Commerce d'Eſpagne, trad. de l'Eſpagnol de Bernard de Ulloa. *Paris*, 1753, *in-12.*

572 Guide des Corps des Marchands & des Communautés des Arts & Métiers. *Paris*, 1766, *in-12.*

573 Gazette du Commerce, depuis 1766, juſqu'en 1772. *in-4.*

Des Compagnies de Commerce, & de celui des Grains.

574 Mémoires, Examen, Réponſe ſur la Compagnie

des Indes, de MM. Morrelet, le Comte de Laura-
guais, Nekre, &c. 1769, *in-4. br.*

575 Mémoires de la Compagnie des Indes contre Du-
pleix, 1763, *in-4. br.*

576 Essai sur la Police des Grains, sur leur Prix, & les
effets de l'Agriculture. 1755, *in-12.*

577 Représentations aux Magistrats, sur la liberté du
Commerce des Bleds. 1759, *in-8. br.*

578 De l'Exportation & Importation des Grains, par
M. Dupont. *Paris*, 1764, *in-8. br.*

579 Dialogue sur le Commerce des Bleds. 1770,
in-8. br.

MÉTAPHYSIQUE.

580 Essais de Théodicée sur la Bonté de Dieu, la Liberté de l'Homme & l'origine du Mal, par Leibnitz.
Lausanne, 1760, 2 *vol. in-12.*

581 L'Homme, de René Descartes, avec les Remarques de Louis de la Forge. *Par.* 1729, *in-12.*

582 Nouvelle Théorie de l'Homme, Spectacle des Es-
prits, des Caractères & des Vertus. *Avignon*, 1753,
2 *tom. en* 1 *vol. in-12.*

583 Mélange de Physique & de Morale, contenant l'extrait de l'Homme physique & moral. *Paris*, 1763,
in-12.

584 Essai Philosophique, concernant l'entendement humain, trad. de Locke, par Coste. 1750, 4 *v. in-12.*

585 De la recherche de la Vérité, par Mallebranche.
Par. 1721, 2 *tom. en* 1 *vol. in-4.*

586 Essais Philosophiques sur l'entendement humain,
par Hume. *Amst.* 1758, 2 *vol. in-8.*

587 Abrégé de la Philosophie, ou Dissertations sur la
certitude humaine, la Logique, la Métaphysique &
la Morale. *Par.* 1754, 2 *vol. in-12.*

588 Amusement Philosophique sur le Langage des Bêtes, par L. R. P. Bougeant. *Par.* 1739, *in-12.*

PHYSIQUE.

PHYSIQUE GÉNÉRALE.

3ᵈ. 7 589 Hiſtoire des Cauſes premieres, ou Expoſition des Sentimens des Philoſophes ſur les principes des Êtres, par M. l'Abbé Batteux. *Paris*, 1769, *in-8.*
  590

3. 591 Renati Deſcartes Epiſtolæ. *Amſtelod.* 1714, 3 *v. in-4.*

14. 592 Œuvres de Deſcartes, traduites, &c. *Paris*, 1724 *& ſuiv.* 10 *vol. in-12.*

3. 10 593 A view of Neuvtons' Philoſophy, by Pemberton. *Dublin*, 1728, *in-8. fig.*

3. 12 594 Le même Livre trad. *Amſt.* 1755, *in-8. fig.*

23. 595 Iſaaci Newtonii Philoſophiæ Naturalis principia, cum commentariis Thomæ le Sueur. *Geneva*, 1739, 4 *vol. in-4. fig.*

2. 596 Elémens de la Philoſophie de Newton, par de Voltaire. *Londres*, 1741, *in-12.*

3. 11 597 Le vrai Syſtême de Phyſique générale de Newton, par Louis Caſtel. *Par.* 1743, *in-4. fig.*

6. 7 598 Elémens de Phyſique, ou Introduction à la Philoſophie de Newton, trad. de S'Graveſande, par Roland de Virloys. *Par.* 1747, 2 *vol. in-8. fig.*

1. 599 Réflexions ſur la Phyſique moderne, ou la Philoſophie de Newton comparée avec celle de Deſcartes. *Paris*, 1757, *in-12.*

4. 10 600 Traité de paix entre Deſcartes & Newton, par le R. P. Paulian. *Avignon*, 1763, 3 *vol. in-12.*

1. 4 601 Traité de Phyſique de Jacq. Rohault. *Par.* 1691, *in-4. fig.*

1. 10 602 Principes de Phyſique de Hartſocker. *Par.* 1696, *in-4.*

2. 2 603 Traité de Phyſique ſur la peſanteur univerſelle des Corps, par Caſtel. *Paris*, 1724, 2 *vol. in-12.*

3. 604 Les Entretiens Phyſiques d'Ariſte & d'Eudoxe, ou Phyſique nouvelle, par L. R. P. Regnault. *Paris*, 1732, 4 *vol. in-12. fig.*
  605

605 Inftitutions Phyfiques de Mad. du Chatelet. *Par.*
1740, *in-8. fig.*

606 A courfe of lectures in natural Philofophy, of
Richard Helsham, and publifched by B. Robin-
fon. *Lond.* 1743, *in-8. br.*

607 Journées Phyfiques. *Lyon*, 1761, 2 *vol. in-8.*

608 Effai de Phyfique, en forme de Lettres. *Paris*,
1768, *in-12. br.*

609 Bibliothéque de Phyfique & d'Hiftoire Naturelle.
Paris, 1765, 6 *vol. in-8. br.*

610 Dictionnaire de Phyfique, par Aimé-Henri Paulian. *Avignon*, 1761, 3 *vol. in-4. fig.*

611 De Analyfeos vulgaris ufu in re Phyfica. *Parma*,
1761, 2 *vol. in-4. fig.*

Phyfique Expérimentale.

612 De l'Equilibre des Liqueurs, de la Pefanteur de
l'Air, par Pafcal. *Paris*, 1698, *in-12.*

613 Hermanni Friderici Teichmeyeri Elementa Philofophiæ naturalis experimentalis. *Iena*, 1724, *in-4. fig.*

614 Expériences de Phyfique, de P. Poliniere. *Paris*,
1728, *in-12. fig.*

615 Effai de Phyfique, par Pierre Muffchenbroeck, trad.
par Maffuet. *Leyde*, 1739, 2 *vol. in-4. fig.*

616 Effais de Phyfique Expérimentale, trad. de Defa-
guilliers, par Pezenas. *Par.* 1751, 2 *vol. in-4. fig.*

617 Expériences Phyfico-Méchaniques, trad. de l'Angl.
de Hauksbée, par de Bremond, & donn. par M. Defma-
reft. *Par.* 1754, 2 *vol. in-12. fig.*

618 Leçons de Phyfique Expérimentale de l'Abbé
Nollet. *Paris*, 1743, 6 *vol. in-12. fig.*

619 L'Art des Expériences, ou avis fur le choix, la
conftruction des Inftrumens, préparation & emploi
des drogues fervans aux Expériences, par l'Abbé
Nollet. *Paris*, 1770, 3 *vol. in-12. fig. br.*

620 Effays in Natural Hiftory, or a feries, of Dif-
coveries by the affiftance of microfcopes by Joh.
Hill. *London*, 1752, *in-8.*

HISTOIRE NATURELLE GÉNÉRALE.

24.12 621 C. Plinii secundi Historia Naturalis, Libri XXXVII. *Lugd. Batt. Elzevir*, 1635, 3 vol. *in-12. mar. r.*

43.16 622 Plinius, &c. cum notis variorum. *Lugd. Bat.* 1669, 3 vol. *in-8.*

2.8.16 623 Histoire du Monde de Pline second, trad. par Anthoine du Pinet. *Paris, Sevestre*, 1623, *in-fol.*

29.19 624 Histoire Naturelle de Pline en latin & en françois, de la traduction de M. Poinsinet de Syvry. *Paris*, 1771, *& suiv.* 4 vol. *in-4. broch. en carton.*

36. 625 Le Spectacle de la Nature, ou Entretiens sur les particularités de l'Histoire Naturelle, par l'Abbé Pluche. *Paris*, 1732, 9 vol. *in-12. fig.* avec 637

15.5 625 Dictionnaire raisonné universel d'Histoire Naturelle, par Valmont de Bomare. *Paris*, 1764, 5 vol. *in-8.*

Des Elémens.

1.12 627 Cosmographie générale des choses Célestes & Elémentaires, par Henrion. *Paris*, 1626, *in-8. fig.*

628 Histoire des anciennes révolutions du Globe Terrestre, &c. *Paris*, 1752, *in-12. fig.*

629 Geometria Subterranea. 1686, *in-fol. fig. Germanice.*

8. 630 Aula Subterranea, Domina Dominantium, Subdita Subditorum. *Francof.* 1736, *in-fol. fig.*

2.10 631 Joh. Joachimi Becheri Physica Subterranea. *Lipsia*, 1739, *in-4.*

632 Mémoires pour l'Histoire Naturelle de la Province de Languedoc, par Astruc. *Paris*, 1740, *in-4. fig.*

3. 633 Caroli Linnæi Systema naturæ, sistens tria regna naturæ. *Lipsia*, 1748, *in-8. fig.*

634 Essai sur l'Histoire Economique des Mers Occidentales de France, par Tipliaigne. *Paris*, 1760, *in-8.*

4.14 635 Telliamed, ou Entretiens d'un Philosophe Indien avec un Missionnaire sur la diminution des eaux de la mer, &c. *Amsterdam*, 1748, 2 tom. 1 vol. *in-8.*

15.19 636 Histoire Naturelle de l'Air & des Météores,

par l'Abbé Richard. *Paris*, 1770, 10 *vol. in-12. br.*

637 Histoire du Ciel, par Pluche. *Par.* 1748, 2 *vol. in-12. fig.* avec le n°. 625

638 Dissertation sur la Nature & la Propagation du feu. *Paris*, 1744, *in-8.* avec le n°. 640

639 Recherches sur les différens mouvemens de la matiere Electrique, par Dufour. *Paris*, 1760, *in-12.*

640 Expériences & Observations sur l'Electricité faites à Philadelphie, par Benj. Franklin. *Paris*, 1752, *in-8. fig.* avec le n°. 638

Des Fossiles, Métaux & Minéraux.

641 Traité des Pierres de Théophraste, trad. du grec, &c. *Paris*, 1754, *in-12.*

642 Lithogeognosie, ou Examen Chymique des Pierres & des Terres, & du Talc, Topaze, &c. trad. de l'allemand de J. Pott. *Paris*, 1753, 2 *vol. in-12.*

643 Dictionnaire Universel des Fossiles propres, & des Fossiles accidentels, par E. Bertrand. *La Haye, Gosse*, 1763, 2 tom. 1 *vol. in-8. br.*

644 J. D. Dargenville, Enumerationis Fossilium Tentamina. *Par.* 1751, *in-8. br.*

645 Pyritologie, ou Histoire Naturelle de la Pyrite, Flora, Saturnisans & Opuscules Minéralogiques, de J. Fréderic Henckel, trad. *Paris*, 1760, *in-4. fig.*

646 Georgius Agricola, de re Metallica, & de Animantibus subterraneis. *Basileæ*, 1621, *in-fol. fig.*

647 Georgius Agricola, de re Metallica, de Animantibus, de ortu & causis subterraneorum, de natura eorum quæ effluunt ex terra, de natura Fossilium, de Metallis, &c. *Basileæ*, 1657, *in-fol, fig.*

647 * Emanuelis Swedenborgii Regnum Subterraneum sive Minerale. *Lipsia Hesselius*, 1734, 3 *vol. in-fol. fig. broch. en carton.*

647 ** Dictionnarium Mineralogicum. 1743, *in-8. Germanice.*

647 *** Minéralogie, ou Description générale des substances du regne Minéral, trad. de Valerius, par Vallemont de Bomare. *Paris*, 1753, 2 *vol. in-8. fig.*

647 **** Minéralogie, ou nouvelle exposition du

regne Minéral, par Valmont de Bomare. *Paris*,
1762, 2 *vol. in-8.*

648 La Platine, l'Or blanc, ou le huitieme Métal.
Paris, 1758, *in-12. br.*

649 Traité sur les Aimans artificiels, &c. *Par.* 1752,
in-12. fig.

AGRICULTURE,

ET MÉNAGE DES CHAMPS.

650 Curiosités de la Nature & de l'Art sur la Végétation, par l'Abbé de Vallemont. *Bruxelles*, 1723,
2 *vol. in-12. fig.*

651 Principes de l'Agriculture & de la Végétation,
trad. de l'anglois de Home. *Paris*, 1761, *in-12.*

652 Traité de la Culture des Terres suivant les principes de Tull, par Duhamel du Monceau. *Paris*,
1753, 6 *vol. in-12. fig.*

653 Essai sur l'Amélioration des Terres, par P.
Paris, 1758, *in-12.*

654 Prairies Artificielles. *Paris*, 1758, *in-12.*

655 De l'Eau, relativement à l'Economie Rustique,
ou de l'Irrigation des Prés, par J. Bertrand. *Lyon*,
1764, *in-8.*

656 Mémoires sur les Défrichemens. *Paris*, 1760,
in-12.

657 Le Gentilhomme Cultivateur, ou Corps complet
d'Agriculture, tiré de l'anglois par M. Dupuy d'Em-
portes. *Paris*, 1761, 8 *vol. in-4. fig.*

658 Elémens d'Agriculture, par M. Duhamel du Monceau. *Par.* 1762, 2 *vol. in-12. fig.*

659 Mémoires sur l'Agriculture en général & en par-
ticulier, par Lelarge. *Paris*, 1762, *in-12.*

660 Préservatif contre l'Agromanie, ou l'Agriculture
réduite à ses vrais principes. *Par.* 1762, *in-12.*

661 Le Socrate Rustique, ou Description de la con-
duite économique & morale d'un Paysan Philosophe.
Zurich, 1761, *in-8.*

662 Philosophie Rurale, ou Economie générale & politique de l'Agriculture. 1763, *in-4.*

663 Dictionnaire Economique, contenant l'art de faire
valoir les Terres, &c. d'après celui de Chomel,
par M. de la Marre. *Paris*, 1767, 3 *vol. in-fol.*

664 L'Agronome, ou Dictionnaire du Cultivateur.
Paris, 1760, 2 *vol. in-8.*

665 Dictionnaire Domestique portatif. *Paris*, 1762,
3 *vol. in-8.*

666 Instructions pour les Jardins Fruitiers & Potagers,
avec un Traité des Orangers, par de la Quintinie.
Paris, 1730, 2 *vol. in-8. fig.*

667 L'Ecole du Jardin Potager, par Decombes. *Par.*
1752, 2 *vol. in-12.*

668 Le Calendrier des Laboureurs & des Fermiers,
trad. de l'anglois de Bradley. *Paris*, 1755, *in-12.*

669 Nouvelles Observations Physiques, & Pratiques
sur le Jardinage & l'Art de Planter, traduit de
l'anglois de Bradley. *Paris*, 1756, 3 *vol. in-12. fig.*

670 Le Patriote Artésien. *Paris*, 1761, *in-8. fig.*

671 Le Jardinier d'Artois, ou les Elémens de la Culture des Jardins Fruitiers & Potagers, par Bonnelle.
Arras, 1763, *in-8.*

672 Année Champêtre. *Paris*, 1769, 3 *vol. in-12. fig.*

673 Lettres d'un Fermier de Pensilvanie aux Habitans
de l'Amérique Septentrionale, trad. de l'anglois.
1769, *in-12. br.*

674 Le Jardinier Solitaire, ou méthode de cultiver
un Jardin Fruitier & Potager. *Paris*, 1712, *in-12.*

675 Select Transactions of the Society of improvers
in the Knowledge of Agriculture in Scotland. *Edim-
burg*, 1743, *in-8.*

676 The Theory and Practice of Gardening, by John
James. *Lond.* 1712, *in-4. fig.*

677 Traité des Jardins, par le sieur de Saussay. *Par.*
1732, *in-12.*

678 Les Agrémens de la Campagne, ou Remarques
particulieres sur la construction des Maisons de
Plaisance, sur les Jardins, &c. *Paris*, 1752, 3 *vol.
in-12. fig.*

678 * La Théorie & la Pratique du Jardinage, & de
l'Agriculture par principes, par Roger Schabol. *Par.*
1767, 3 *vol. in-8. fig.*

679 L'Ecole du Jardinier Fleuriste. *Paris*, 1764, *in-12*.

680 Corps d'Observations de la Société d'Agriculture, de Commerce & des Arts, établi par les Etats de Bretagne, années 1757, 58, 59, 60. *Paris*, 1770, 2 *vol. in-8*.

681 Recueil de Mémoires concernant l'Economie Rurale, par une Société établie à Berne. *Zurich*, 1760 & *suiv.* 10 *vol. in-8*.

682 Recueil de Délibérations & Mémoires de la Société d'Agriculture de Tours, 1761. *Tours*, 1763, *in-8*.

683 Délibérations & Mémoires de la Société d'Agriculture de Rouen. *Paris*, 1763, 2 *vol. in-8*.

684 Instructions sur la manière d'élever & de perfectionner les Bêtes à laine, trad. du Suédois de Hastfer. *Paris*, 1756, *in-12*.

685 Considérations sur les moyens de rétablir en France les bonnes especes de Bêtes à laine. *Paris*, 1762, *in-12*.

686 Mémoire sur les Laines. *Paris*, 1755, *in-12*.

687 La France Agricole & Marchande. *Avignon*, 1762, 2 *vol. in-8*.

688 Journal Economique. 1751 & *suiv.* 46 *vol. in-8* & *in-12*.

689 Journal d'Agriculture, Commerce & Finances, depuis Juillet 1765, jusqu'à 1771. 20 *vol. in-12*.

HISTOIRE GÉNÉRALE DES PLANTES.

690 Caroli Linnæi genera Plantarum, earumque characteres. *Parisiis*, 1743, *in-8*.

691 Caroli Linnæi species Plantarum. *Holmiæ*, 1753, 2 *vol. in-8*.

692 Histoire des Plantes de l'Europe, & des plus usitées d'Asie, d'Afrique & d'Amérique, par Gaspard Bauhin. *Lyon*, 1766, 2 *vol. in-12. fig.*

693 Josephi Pitton de Tournefort, Institutiones rei Herbariæ, accessit Corollarium. *Lugduni*. 1719, 3 *vol. in-4. fig.*

694 Famille des Plantes, par Adanson. *Paris*, 1763, 2 *vol. in-8. fig.*

695 Traité du Plantage & de la Culture des principales *l. 10*
Plantes potagères, extrait du Dictionnaire de Miller.
Yverdon, 1768, *in-12.*

696 Manuel de Botanique des Environs de Paris, con- *2. 10*
tenant les propriétés des Plantes utiles pour la nourri-
ture, d'usage en Médecine, employées dans les Arts,
d'ornemens dans les Jardins. *Paris*, 1764, *in-12.*

697 Histoire des Plantes qui naissent aux Environs de *2. 8*
Paris, avec leur usage en Médecine, par Pitton de
Tournefort, augmentée par Bernard de Jussieu. *Par.*
1725, 2 *vol. in-12.*

698 Botanicon Parisiense, ou dénombrement des Plan- *26.*
tes qui se trouvent aux environs de Paris, par Sé- *21*
bastien Vaillant, avec plus de 300 *fig.* dessinées par
Claude Aubriet, &c. *Amst.* 1727, *in-fol.*

699 Histoire des Plantes Usuelles, par J. B. Chomel. *8.*
Paris, 1731, 3 *vol. in-12.*

700 Floræ Parisiensis prodromus, ou Catalogue des *1. 8*
Plantes qui naissent aux environs de Paris, suivant la
Méthode de Linneus, par M. d'Alibard. *Par.* 1749,
in-12.

701 Traité des Arbres & Arbustes qui se cultivent en *31. 4*
France en pleine terre, par M. Duhamel du Monceau.
Paris, 1755, 2 *vol. in-4. fig.*

702 La Physique des Arbres, où il est traité de l'ana- *28. 19*
tomie des Plantes, & de l'Economie végétale, par
Duhamel du Monceau. *Paris*, 1758, 2 *vol. in-4. fig.*

703 Des Semis & Plantations des Arbres, de leur Cul- *10. 15*
ture, par Duhamel du Monceau. *Par.* 1760, *in-4. fig.*

704 Traité des Arbres Fruitiers, leur Figure, Description *73. 6*
& Culture, par Duhamel du Monceau. *Paris, De-*
saint, 1768, 2 *vol. in-4. gr. pap. fig.*

705 Méthode pour bien cultiver les Arbres à Fruits, & *1. 4*
pour élever les Treilles, par de la Rivière & Du-
moulin. *Paris*, 1738, *in-12.*

706 Observations sur la Culture des Arbres à haute ti- *1.*
ge, par Thierryat. *Noyon*, 1753, *in-12.*

707 Traité des Arbres Fruitiers, extrait des meilleurs *3.*
Auteurs, par la Société Economique de Berne. *Yver-*
don, 1768, 2 *tom. en* 1 *vol. in-12.*

Histoire particuliere des Plantes.

708 Traité de la conservation des Grains, & particulierement du Froment, par Duhamel du Monceau. *Paris, 1754, in-12. fig.*

709 Supplément au Traité de la conservation des Grains, par Duhamel du Monceau. *Paris, 1765, in-12.*

710 Differtation fur la caufe qui corrompt & noircit les grains de Bled dans les épis, & les moyens de prévenir ces accidens, par M. Tillet. *Bord. 1755, in-4. fig.*

711 Nouvelle Méthode de cultiver la Vigne dans tout le Royaume, par Maupin. *Par. 1763.*

—— Traité de la Culture des Pêchers, par Décombes. *Par. 1759, in-12.*

712 Mémoire & Journal d'Obfervations & d'Expériences fur les moyens de garantir les Olives de la piquûre des Infectes, par M. Sieuve. *Paris, Lambert, 1769, in-8. br.*

713 Traité fur la Culture des Muriers blancs, la maniere d'élever les Vers-à-Soie, & l'ufage qu'on doit faire des Cocons, par Pomier. *Orléans, 1763, in-8. fig.*

714 L'Art de cultiver les Muriers blancs, d'élever les Vers-à-Soie, & de tirer la Soie des Cocons. *Paris, 1754, in-8. fig.*

715 Mémoire fur la Garance & fa culture, &c. par M. Duhamel du Monceau. *Paris, Impr. Royale, 1757, in-4. br.*

716 Traité de la Garance, par M. de L. *Par. Pierres, 1768, in-8. br.*

717 Mémoire fur le Ray-graff, ou faux Seigle, par Dom Miroudot. *in-8. br.*

HISTOIRE NATURELLE DES ANIMAUX.

718 Hiftoire Naturelle des Animaux, par MM. Arnaud de Nobleville & Salerne, ou fuite de la Matiere Médicale de Geoffroi. *Paris, 1756, 3 vol. in-12.*

719 Dictionnaire raifonné & Univerfel des Animaux,
ou

ou le Regne Animal. *Paris*, 1759, 4 *vol. in*-4.

720 Histoire Naturelle, générale & particuliere, avec 88ᵃ
la Description du Cabinet du Roi. *Paris*, *Imprim.*
Royale, 1750, 31 *vol. in*-12. *fig.*
—— Histoire des Oiseaux. 4 *vol. in* 12. *br.*

721 Pratique de l'Art de faire éclore & d'élever des 3.
Oiseaux domestiques de toute espece, par de Réaumur. *Paris*, *Impr. Royale*, 1751, *in*-12. *fig.*

722 Mémoires pour servir à l'Histoire des Insectes 92.
par M. de Réaumur. *Paris*, *Impr. Royale*, 1739,
6 *vol. in*-4. *fig.*

723 Histoire des Insectes qui se trouvent aux envi- 13. 17
rons de Paris, par M. Geoffroi. *Par.* 1762, 2 *vol.*
in-4. *fig.*

724 Mémoires sur l'éducation des Vers-à Soie, par 2.
Boissier de Sauvages. *Nismes*, 1763, *in*-8.

725 Histoire d'un Insecte qui dévore les grains de l'An- 1. 11
goumois, &c. par Duhamel. *Paris*, 1762, *in*-12. *fig.*

MÉLANGES DE PHYSIQUE,

D'HISTOIRE NATURELLE, ET CABINETS CURIEUX.

726 Collection Académique, ou Recueil, &c. concer- 47.
nant la Physique, l'Histoire Naturelle, &c. *Dijon*,
1755, 8 *vol. in*-4. *fig.*

727 Essais & Observations de Médecine, de la Société 6.
d'Edimbourg, trad. de l'Anglois, par M. Demours.
Paris, 1740 & *suiv.* 7 *vol. in*-12.

728 Expériences Physiques & Chymiques, sur plusieurs 5. 15
Matieres relatives au Commerce & aux Arts, trad de
l'Anglois de Lewis, par M. de Puisieux. *Par.* 1768,
3 *vol. in*-12.

729 Recueil de différens Traités de Physique & d'His- 3. 8
toire Naturelle, par Dellandes. *Paris*, 1750, 3 *vol.*
in-12. *fig.*

730 Recueil des Mémoires les plus intéressans de Chy- 3. 2
mie, d'Histoire Naturelle, contenus dans les Actes
de l'Académie d'Upsal & de Stockolm. *Par.* 1764,
2 *vol. in*-12. 3. 2

G

1. 5   731 Collection de différens morceaux sur l'Histoire Naturelle & Civile des Pays du Nord, trad. par M. de
Keralio. *Paris, in-12.*

732 Catalogue de Curiosités en tout genre, de Bonnier
de la Mosson, par E. Gersaint. *Paris, Barçois,* 1744,
in-12. br.

1. 3   733 Catalogue des Livres, Estampes & Curiosités Na-
turelles de MM. Geoffroi. *Paris, Martin,* 1754,
in-12. br.

MEDECINE ET ANATOMIE.

120.   734 Dictionnaire Universel de Médecine, de Chirur-
gie, Chymie, Botanique, Anatomie, Pharmacie, &
d'Histoire Naturelle, trad. de l'Anglois de James,
par MM. Diderot, Eidous & Toussaint. *Paris,*
1746, 6 *vol. in-fol.*

1. 10   735 Traduction d'Aurelius Cornelius Celse, par M.
Ninnin. *Paris,* 1754, 2 *vol. in-12.*

3.   736 Bartholomei Castelli Lexicon Medicum græco lat.
ex edit. Jacob. Pancratii Brunonis. *Geneva,* 1746, *in-4.*

1. 10   737 Roberti Boyle Opera varia. *Geneva,* 1680, 2 *v.
in-4.*

2. 8   738 Histoire de la Santé, & de l'Art de la conserver,
trad. de l'Angl. de Macrenzie. *La Haye,* 1759, *in-8.*

6. 12   739 Dictionnaire portatif de Santé. *Paris,* 1760, 2 *v.
in-8.*

740 Avis au Peuple sur sa santé, par M. Tissot. *Par.*
1770, 2 *tom. en* 1 *vol. in-12.*

4. 10   741 Essais sur les Maladies des Gens du Monde, par
M. Tissot. *Paris,* 1771, *in-12.*

742 Nouvelles Observations sur la Goute, par Chavy
de Mongerbet. *Paris,* 1761, *in-12. br.*

1. 6   743 Relation de la Peste de Toulon, en 1721, par
Dantrechaus. *Paris,* 1756, *in-12.*

8. 8   744 Exposition Anatomique du Corps humain, par
Winslow. *Paris,* 1732, *in-4. fig.*

47. 19   745 Guill. Cowper, Anatomia corporum humanorum,
centum quatuordecim tabulis illustrata. *Lugd. Bat.*
1739, *in-fol. gr. pap.*

PHARMACOPÉE,

ET CHYMIE MÉDICINALE.

746 Traité de la matiere Médicale, ou de l'Histoire 16. 5
des vertus, du choix, de l'usage des Remedes simples, par M. Geoffroy. *Paris*, 1743 *& suiv*. 10 *vol.*
in-12.

747 Histoire Générale des Drogues simples & com- 8. 4
posées, par Pomet. *Paris*, 1735, 2 *vol. in*-4. *fig.*

748 Joan. Hartmanni Praxis Chymiatrica. *Noriberga*, 1. 5
1677, *in*-4.

748 * Hadriani à Mynsicht, Thesaurus & Armamenta- 1. 16
rium Medico-Chymicum. *Geneva*, 1697, *in*-8.

749 Georg. Stahlii Opusculum Chymico-Physico Me- 5. 5
dicum. *Magdeburgi*, 1715, *in*-4.

750 Dictionnaire Universel des Drogues simples, par 11.
Lemery. *Paris*, 1733, *in*-4. *fig.*

751 Joan. Junckeri Conspectus Chymiæ ex Dogma- 7. 4
tibus Becheri & Stalhii. *Magdeburgi*, 1744, 2.*vol.*
in - 4,

752 Georgii Ernesti Stahlii, Fundamenta Chymiæ-Dog- 4
maticæ & Experimentalis. *Norimberga*, 1746, *in*-4.

753 Herm. Frid. Teichmeyeri, Institutiones Chymiæ- 2.
Dogmaticæ Experimentalis. *Jena*, 1752, *in*-4.

754 Elémens de Pharmacie Théorique & Pratique, 6
par Baumé. *Paris*, 1762, *in*-8. *fig.*

455 Pharmacopée du College Royal des Médecins de 4. 4
Londres. *Paris*, 1761, *in*-4.

756 Codex Medicamentarius seu Pharmacopea Pari- 6. 15
siensis, à J. Bapt. Martinenq. *Par*. 1748, *in*-4.

757 Observations nouvelles sur l'usage de la Ciguë, trad. 1. 16
du latin d'Antoine Storck. *Paris*, 1762, *in*-12.

758 Essai sur l'usage & les effets de l'Ecorce du Ga- 1.
rou appellé Sain-Bois. *Paris*, 1767, *in*-12. *br*.

759 Traité raisonné de la Distillation, par Dejean. 2.
Paris, 1753, *in*-12.

760 Les Secrets & les Fraudes de la Chymie & de la 2.
Pharmacie modernes, dévoilés, &c. trad. de l'anglois.
La Haye, 1759, *in*-8.

CHYMIE ET PHILOSOPHIE HERMETIQUE.

8.   761 Beckers, en Allemand, *in*-4.

9.   762 Elémens de Chymie fur les principes de Becker & de Stahl, par M. de Machy. *Paris*, 1757, 6 *vol. in*-12.

1.   763 Johannis Kunckels, Collegium Phyfico-Chymicum experimentale, feu Laboratorium Chymicum. *Hamburgi*, 1738, *in*-8. *Germanice.*

6. 10   764 Elémens de Chymie Théorique & Pratique, par M. Macquer. *Paris*, 1741, 3 *vol. in*-12.

6.   765 Cours de Chymie de Nicolas Lefevre, donné par du Mouftier. *Paris*, 1751, 5 *vol. in*-12. *fig.*

8.   766 Elémens de Chymie, trad. du latin de Herman Boerhaave. *Paris*, 1754, 6 *vol. in*-12.

1. 10   767 Joan. Rudolphi Glauberi, Furni novi Philofophici five defcriptio artis Diftillatoriæ. *Amft.* 1658, *in*-4. *fig.*

1. 4   768 Elémens de Chymie de J. Beguin, donnés par Rault. *Rouen*, 1660, *in*-8.

    769 Joan. Francifci Vigani, Medulla Chymiæ. *Gedani*, 1682, *in*-12.

1. 6   770 Chymie raifonnée de Michel Etmuller. *Lyon*, 1693, *in*-12.

1.   771 Chymie de Chrift. Glafer, *in*-12. *fig.*

8. 2   772 Dictionnaire de Chymie, contenant la Théorie & la Pratique de cette Science, par Macquer. *Par.* 1766, 2 *vol. in*-8.

1. 10   773 Jo. Helfrici Jungken Chymia experimentalis, five naturalis Philofophiæ Mechanica. *Francof.* 1701, *in*-4.

3.   774 Cours de Chymie de l'Emery. *Paris*, 1730, *in*-8. *fig.*

12.   775 Le même, augmenté & donné par Baron. *Par.* 1756, *in*-4. *fig.*

9. 10   776 Hermanni Boerhave Elementa Chymiæ. *Parifiis*, 1733, 2 *vol. in*-4. *fig.*

3.   777 Pott, Exercitationes & Obfervationes Chymicæ. *Berolini*, 1738, 2 *vol. in*-4.

6. 12   778 Differtations Chymiques de Pott, traduit par de Machy. *Paris*, 1759, 4 *vol. in*-12.

779 Obſervations Phyſiques & Chymiques, trad. du 2ᵉ. 3. lat. de Hoffmann. *Paris*, 1754, 2 *vol. in*-12.

780 Leçons de Chymie, propres à perfectionner la 6. Phyſique, le Commerce & les Arts, par Pierre Shaw. *Paris*, 1759, *in*-4.

781 Opuſcules Chymiques de Margraf. *Paris*, 1762, 3. 12 2 *vol. in*-12.

782 Manuel de Chymie, ou Expoſé des Opérations d'un Cours de Chymie, par Baumé. *Par.* 1763, *in*-12. 2. 16

783 Diſſertation ſur l'Æther, par Baumé. *Par.* 1757, *in*-12.

784 Examen Chymique de différentes ſubſtances Minérales, trad. de Lehman, par M. Sage. *Par.* 1769, *in*-12. 1. 6

785 Examen Chymique de divers Mélanges de Terres & de Pierres ordinaires, pour connoître leurs qualités & propriétés dans le feu. *in*-4. *mſſ.* 1. 10

786 Collectanea Chymica curioſa è triplici Regno J. D. Thom. A. *Francofurti*, 1693, *in*-4. 1. 4

787 Palinodie Chymique, où les erreurs de cet Art ſont non moins plaiſamment que ſérieuſement réfutées, par le ſieur Dugault. *Paris*, 1588, *in*-4. *en vers.* 3. 9

788 Hiſtoire de la Philoſophie Hermétique. *Par.* 1744, 3 *vol. in*-12. 3.

MATHÉMATIQUE.

DES MATHÉMATIQUES EN GÉNÉRAL.

789 Hiſtoire des Mathématiques, par M. Montucla. *Paris*, 1758, 2 *vol. in*-4. *fig.* 23.

790 Dictionnaire de Mathématiques, d'Ozanam. *Par.* 1691, *in*-4. *fig.* 3. 12

791 Récréations Mathématiques, d'Ozanam. *Paris*, 1735, 4 *vol. in*-8. *fig.* 17.

792 Dictionnaire Univerſel de Mathématiques & de Phyſique, par Saverien. *Par.* 1753, 2 *vol. in*-4. *fig.* 22. 19

793 Archimedis Opera, ex edit. Iſaaci Barrow. *Londini*, 1675, *in*-4. *fig.* 3. 2

794 Elémens d'Euclide, donnés par Henrion. *Rouen*, 1676, 2 *vol. in*-8. *fig.* 2. 16

795 Elémens d'Euclide, par Defchalles, démontrés par Ozanam, augmentés par Audierne. *Paris*, 1746, *in*-12.

796 Ifaaci Neuvtoni Opufcula Mathematica, Philofophica & Philologica edidit Joh. Caftillioneus. *Parifiis*, 1744, 2 *vol. in*-4.

797 Expofition des Découvertes Philofophiques de Neuvton, trad. de Maclaurin par la Virotté. *Paris*, 1749, *in*-4. *fig.*

798 Nouveau Elémens de Mathématiques, de Preftet. *Paris*, 1689, *in*-4. *fig.*

799 Recherches de Mathématique & de Phyfique, par Parent. *Par.* 1705, 2 *vol. in*-12. *br.*

800 A Mathematical Manual, or delightful affociate, by Hatton. *London*, 1728, *in*-8. *fig.*

801 Joan Bernoulli Opera omnia. *Geneva*, 1742, 4 *v. in*-4. *fig.*

802 Entretiens Mathématiques du P. Regnault. *Paris*, 1743, 3 *vol. in*-12.

802 * Mathematical Differtations or a variety of phyfical and analytical fubjects, by Simpfon. *London*, 1743, *in*-4. *fig.*

803 Select exercifes in the Mathematicks, by Thom. Simpfon. *London*, 1752, *in*-8.

804 Principes Mathématiques de la Philofophie Naturelle, par Mad. du Chaftelet. *Paris*, 1759, 2 *vol. in*-4. *fig.*

805 Cours de Mathématiques, par Camus. *Par.* 1749, 4 *vol. in*-8. *fig.*

806 Opufcules Mathématiques de M. d'Alembert. *Par.* 1761, 2 *vol. in*-4. *fig.*

807 Amufemens Philofophiques fur diverfes parties des Sciences, & principalement de la Phyfique & des Mathématiques, par Bonaventure Abàt. *Amft.* 1763, *in*-8. *fig.*

808 Cours de Mathématique à l'ufage des Gardes du Pavillon & de la Marine; par M. Bezout. *Paris*, 1764 & *fuiv.* 6 *vol. in*-8. *fig.*

809 Elémens d'Arithmétique, d'Algebre & de Géométrie, par M. Mazeas. *Par.* 1765, *in*-8. *fig.*

810 Opuscules Mathématiques de M. l'Abbé de Rochon. *Brest*, 1768, *in-8. fig. br.*

810 * Leçons Élémentaires de Mathématique, par l'Abbé de la Caille, augmentées par M. l'Abbé Marie. *Paris*, 1770, *in-8. br.*

ARITHMETIQUE.

811 If. Neuvton, Arithmetica universalis, five de compositione & resolutione Arithmetica. *Lugd. Bat.* 1732, *in-4. fig.*

812 Godefridi Ant. Décoré, Arithmetica universalis Neuvtonii. *Lugd. Bat.* 1761. *in-12.*

813 Analyse démontrée, ou Méthode de résoudre les Problêmes de Mathématiques, par Reyneau. *Paris*, 1736, 2 *vol. in-4. fig.*

814 Usage de l'Analyse, démontrée par Reyneau. *Par.* 1738, 2 *vol. in-4. fig.*

815 Arithmétique des Géometres, ou nouveaux Elémens de Mathématiques, par Deidier. *Paris*, 1739, *in-4. fig.*

816 Le Calcul différentiel & le Calcul Intégral, expliqués & appliqués à la Géométrie, par Deidier. *Paris*, 1740, *in-4. fig.*

817 Sherwin's Mathematical Tables, corrected by William Gardiner. *London*, 1742, *in-8.*

818 Tables of Logarithms by Williams Gardiner. *Lond.* 1742, *in-4.*

819 Essai sur la Probalité de la durée de la Vie Humaine, par de Parcieux. *Paris*, 1746, *in-4.*

GÉOMÉTRIE.

820 Elémens de Géométrie de Pardies. *Paris*, 1688, *in-12. fig.*

821 Géométrie de Sébastien Leclerc. *Paris*, 1690, *in-8. fig.*

822 La Géométrie Théorique & Pratique d'Ozanam. *Par.* 1720, *in-8. fig.*

823 Elémens de Géométrie, par de Malezieu. *Par.* 1722, *in-4. fig. avec le N°. 827.*

824 Commentaires sur la Géométrie de Descartes, par Rabuel. *Lyon*, 1730, *in*-4. *fig.*

825 Elémens de Géométrie de Riyard. *Paris*, 1732, *in*-4. *fig.*

826 Elémens de Géométrie de Lamy. *Paris*, 1740, *in*-12. *fig.*

827 Traité sur la Théorie & la Pratique du Nivellement, par de Lespinasse. *Avignon*, 1768, *in*-4. *fig. br.*

828 Méthode pour la Mesure des Surfaces, &c. par Carré. *Paris*, 1700, *in*-4. *br.*

829 Méthode de lever les Plans & les Cartes de terre & de mer. *Paris*, 1716, *in*-12. *fig.*

830 Introduction à l'Analyse des Lignes courbes Algébriques, par Gab. Cramer. *Genève*, 1750, *in*-4. *fig.*

831 Analyse des Mesures des Rapports & des Angles, ou réduction des Intégrales, aux Logarithmes, &c. par de Walmesley. *Paris*, 1753, *in*-4. *fig.*

832 La Trigonométrie, Rectiligne & Sphérique, avec les Tables des Sinus, Tangentes & Sécantes, par Ozanam. *Paris*, 1741, *in* 8.

833 Trigonometriæ Planæ & Sphæricæ Elementa; item de Natura, & Arithmetica Logarithmorum, Tractatus brevis. *Oxoniæ*, 1747, *in*-8. *fig.*

834 Manuel de Trigonométrie Pratique, par l'Abbé de la Grive. *Paris*, 1754, *in*-8. *fig.*

835 Trigonométrie Sphérique, par Siméon Valette. *Paris*, 1757, *in*-8. *fig.*

836 Diverses Quadratures Circulaires, Ellyptiques & Hyperboliques, par Clairaut le Cadet. *Par.* 1731, *in*-12. *fig.*

837 Traité Analytique des Sections Coniques, par le Marquis de l'Hôpital. *Paris, Boudot*, 1707, *in*-4. *fig.*

838 Traité Analytique des Sections Coniques, par le Marquis de l'Hôpital. *Paris*, 1720, *in*-4. *fig.*

839 Traité des Sections Coniques, par l'Abbé de la Chapelle. *Paris, Quillau*, 1750, *in*-8. *br. fig.*

840 Traité Analytique des Sections Coniques, Fluxions & Fluentes, par Muller. *Par.* 1760, *in*-4. *fig.*

841 Recherches sur les Courbes à double Courbure. *Paris*, 1731, *in*-4. *fig.*

842 Tables des Sinus de Ulacq. *La Haye*, 1751, 1⁴
in-12.

843 Tables de Logarithmes pour les Sinus & Tan- 4.
gentes. *Paris*, 1760, *in-8.*

844 Analyse des Infiniment Petits, par le Marquis 12.
de l'Hôpital. *Paris*, *Impr. Royale*, 1696, *in-4.*
fig. mar.

845 Eclaircissemens fur l'Analyse des Infiniment Petits, 1. 4
par Varignon. *Paris*, 1725, *in-4. fig.*

846 Introductio in Analysin Infinitorum, Leonardi 13.
Euleri. *Laufannæ*, 1748, 2 *vol. in-4. fig.*

847 Traité du Calcul Intégral, pour fervir de fuite 24. 2
aux Infiniment Petits du Marquis de l'Hôpital, par
de Bougainville. *Paris*, 1754, *in-4. fig.*

848 Traité des Fluxions, trad. de l'anglois de Ma- 8.
claurin par P. Pezenas. *Paris*, 1749, 2 *vol. in-4. fig.*

849 The Doctrine and Application of Fuxions by 6.
Tho. Simpfon. *Lond.* 1750, 2 tom. 1 *vol. in-8. fig.*

A L G E B R E.

850 Application de l'Algebre à la Géométrie, par 2. 10
Guifnée. *Paris*, 1733, *in-4. fig.*

851 A Treatife of Algebra by Th. Simpfon. *London*, 2.
1745, *in-8. fig.*

852 Elémens d'Algebre, par Clairaut. *Paris*, 1746, 4. 8
in-8. fig.

853 Traité d'Algebre, par Maclaurin. *Paris*, 1753, 4. 2
in-4. fig.

M É C H A N I Q U E.

854 Traité des Forces mouvantes, par de Camus. *Par.* 2. 10
1722, *in-8. fig.*

855 Leonhardi Euleri Mechanica, five motus Scien- 24. 2
tia Analytica. *Petropoli*, 1736, 2 *vol. in-4. fig.*

856 Principes fur le Mouvement & l'Equilibre, par 5.
Trabaud. *Paris*, 1741, *in-4. fig.*

857 Traité Elémentaire de Méchanique & de Dynami- 2. 7
que appliqué aux mouvemens des Machines, par
M. l'Abbé Boffut. *Charleville*, 1763, *in-8. fig.*

H

858 Nouveaux Elémens de Dynamique & de Méchanique, par Mathon de la Cour. *Lyon*, 1763, *in*-8. *fig.*

859 Théorie de la Vis d'Archimede, par M. Plaucton. *Paris*, 1768, *in*-8. *fig.*

860 Traité Elémentaire de Méchanique Statique, par M. l'Abbé Boſſut. 1772, *in*-8. *fig. br.*

861 Danielis Bernoulli Hydrodinamica, ſive de Motibus & Viribus Fluidorum. *Argentorati*, 1738, *in*-4. *fig.*

862 Traité de l'Equilibre & du mouvement des Fluides, ſuite du Traité de Dynamique, par M. d'Alembert. *Paris*, 1744, *in*-4. *fig.*

863 Eſſai d'une nouvelle Théorie de la réſiſtance des Fluides, par M. d'Alembert. *Par.* 1752, *in*-4. *fig.*

864 Recueil d'Ouvrages curieux de Mathématique & Méchanique, ou Deſcription du Cabinet de M. Groſlier de Servieres. *Lyon*, 1733, *in*-4. *fig.*

865 Theatrum Machinarum univerſale, of Groot Algemeen Moolen-Boek, door Joannis Van-Zyl. *Amſt.* 1761, *in-fol. fig. gr. p.*

ASTRONOMIE.

867 Du Mouvement diurne de la Terre, ſuivant Copernic. *Paris*, 1745, *in*-12. *fig.*

868 Hiſtoire de l'Aſtronomie, par M. de Lalande. *Paris*, 1764, 2 *vol. in*-4. *fig.*

869 Principles of Aſtronomy and Geography, explained by the uſe of Globes and Maps, by J. Watts. *London*, 1745, *in*-8.

870 Leçons Elémentaires d'Aſtronomie Géométrique & Sphérique, par l'Abbé de la Caille. *Par.* 1761, *in*-8. *fig.*

871 Idée Générale de l'Aſtronomie, par M. l'Abbé Dicquemare. *Paris*, 1759, *in*-8. *br. fig.*

872 Uranographie, ou Deſcription du Ciel en deux Hémiſpheres, par Robert de Vaugondy. *Par.* 1764, *in*-4. *fig. br.*

873 Théorie de la Figure de la Terre, par Clairaut. *Par.* 1743, *in*-8. *fig.*

874 Histoire des Recherches sur la Quadrature du 1. 10
Cercle. *Par.* 1754; *in-12.*

875 Astronomie-Nautique, ou Elémens d'Astronomie, 1. 4
par de Maupertuis. *Paris, Imprim. Royale,* 1743;
in-8. fig.

876 Journal d'un Voyage fait à l'Equateur, pour
l'Histoire de la mesure des trois premiers degrés du
Méridien, par M. de la Condamine. *Paris, Impr.*
Royale, 1751, *in-4. fig.*

877 Journal Historique du Voyage de l'Abbé de la 3.
Caille au Cap de Bonne-Espérance. *Paris,* 1763,
in-12. fig.

878 Théorie du Mouvement des Cometes, par Clai- 1. 10
raut. *Paris,* 1759, *in-8. fig.*

879 Mémoires posthumes de Jean-Philippe Loys de 2.
Chefeaux, sur divers sujets d'Astronomie & de Mathématiques. *Laufanne,* 1754, *in-4. fig.*

880 Philippi de la Hire Tabulæ Astronomicæ. *Parifiis,*
1727, *in-4.*   2.

881 Tables Astronomiques de la Hire. *Par.* 1735;
in-8. fig.

882 Régle Artificielle du Tems, par Sully, édition 1. 6
donnée par Julien le Roy. *Par.* 1737, *in-12. fig.*

883 Nouvelles Tables Loxodromiques, ou Explica-
tion de la Théorie de la figure de la Terre, trad.
de Murdoch par de Bremond. *Par.* 1742, *in-8. fig.* 1. 14

884 Tables Astronomiques de Halley, par M. l'Abbé
de Chappe d'Auteroche. *Paris, Durand,* 1754;
in-8. br.

885 Exposition du Calcul Astronomique, par M. de 3.
Lalande. *Par. Impr. Royale,* 1762, *in-8.*

886 Tables Astronomiques de Halley pour les Pla- 1. 16
netes & les Cometes, par M. de Lalande. *Paris,*
Durand, 1759, *in-8. br.*

887 Connoissance des Tems, depuis 1748 jusqu'en 10.
1773, *in-8.*

GNOMONIQUE ET HORLOGERIE.

888 La Gnomonique, par de la Hire. *Paris,* 1698;
in-12.

889 La Gnomonique Pratique, par François Bedos de Celles. *Par.* 1760, *in-*8. *fig.*

890 Defcription d'une Sphere mouvante par le moyen d'une Pendule, par Jean Pigeon. *Par.* 1714, *in-*8. *fig.*

891 Traité d'Horlogerie pour les Montres & Pendules, traduit de l'anglois de Derham. *Paris,* 1731, *in-*12. *fig.*

892 Traité Général des Horloges, par Jacques Alexandre. *Paris,* 1734, *in-*8. *fig.*

893 Traité d'Horlogerie, par le Paute. *Par.* 1755, *in-*4. *fig.*

894 Traité d'Horlogerie Méchanique & Pratique, par Thiout. *Paris,* 1741, 2 *vol. in-*4. *fig.*

895 Réponfe de Rivaz, Horloger, à un Mémoire contre fes découvertes. *Paris,* 1751, *in-*4. *br.*

896 Les Echappemens à repos, comparés aux Echappemens à recul, par J. Jodin. *Paris,* 1754, *in-*12. *fig.*

897 L'Art de conduire & régler les Montres & Pendules, par Ferd. Berthoud. *Paris,* 1759, *in-*18. *fig.*

898 Effais fur l'Horlogerie relativement à l'ufage Civil, à l'Aftronomie, & à la Navigation, par Ferd. Berthoud. *Paris,* 1763, 2 *vol. in-*4. *fig.*

HYDROGRAPHIE.

899 Hiftoire Générale de la Marine. *Paris,* 1744, 2 *vol. in-*4. *gr. p.*

900 Dictionnaire de Marine, contenant les termes de la Navigation & de l'Architecture Navale. *Amft.* 1736, *in-*4. *fig.*

901 De la Manœuvre des Vaiffeaux, ou Traité de Méchanique & de Dynamique, par Bouguer. *Par.* 1757, *in-*4. *fig.*

902 Nouveau Traité de Navigation, contenant la théorie & la pratique du Pilotage, par Bouguer, revu & corrigé par l'Abbé de la Caille. *Par.* 1760, *in-*8. *fig.*

903 Leçons de Navigation. *Rouen,* 1768, *in-*8. broché.

904 Navigation de M. Bezout. *Paris,* 1769, *in-*8. *fig.* broché.

905 Marine Militaire, ou Recueil de différens Vaif- 3.
feaux qui fervent à la Guerre, fuivis des Manœu-
vres, par Ozanne. *Paris, in-4. gravé.*

OPTIQUE ET DYOPTRIQUE.

906 Traité de la Lumiere, de la Réflexion & Ré- 1. 4
fraction, par Chriftian Huygens. *Leyde, 1690,
in-4. fig.*
907 Traité d'Optique de Newton, trad. par Cofte. 3.
Paris, 1722, in-4. fig.
908 Effais d'Optique fur la gradation de la Lumiere,
par Bouguer. *Par. 1729, in-12. fig.* 6.
909 A Compleat Syftem of Optick, by Robert Smith.
Cambridge, 1738, 2 vol. in-4. fig.
910 L'Optique des Couleurs, par Caftel. *Par. 1740,* 1. 3
in-12.
911 Traité d'Optique, par M. d'Alembert. *Par. 1752,* 2.
in-4. fig.
912 Leçons Elémentaires d'Optique, par l'Abbé de 1. 14
la Caille. *Paris, 1756, in-8. fig.*
913 Effai de Dioptrique, par Hartfoeker. *Par. 1694,*
in-4. fig.

HYDRAULIQUE.

2.

914 Traité du mouvement des Eaux & autres corps
fluides, par Mariotte, donné par de la Hire. *Paris,*
1718, in-12. fig.
915 Architecture Hydraulique, ou l'Art de conduire, 37. 19
d'élever & ménager les Eaux, par Belidor. *Paris,*
1737, 2 vol. in-4. fig.
916 Théorie des Fleuves, avec l'Art de bâtir dans leurs 1. 16
Eaux, trad. de l'Allem. de Jean Ifaye Silberfchlag,
par M. d'Au.... *Paris, 1759, in-4. fig. br.*
917 Traité élémentaire d'Hydrodynamique, par M. 6.
l'Abbé Boffut. *Paris, 1771, 2 vol. in-8. fig. br.*

DES INSTRUMENS DE MATHÉMATIQUE.

918 De la conftruction & ufage des Inftrumens de 6.

Mathématique, par Bion. *Par.* 1725, 1 *vol. in-4. fig.*

6. 15 919 Construction d'un Télescope de Réflexion, &c. *Paris*, 1738, *in-4. fig.*

2. 920 Le Microscope mis à la portée de tout le Monde, trad. de l'Anglois de Baker. *Paris*, 1754, *in-8. fig.*

1. 10 921 L'Usage des Globes & Spheres céleste & terrestre, par Guillaume Blaeu. *Amst.* 1642, *in-4.*

922 Traité du Barometre, par Louis Philippe la Brosse. *Nancy*, 1717, *in-12. fig.*

MUSIQUE.

3. 923 Génération Harmonique, ou Traité de Musique Théorique & Pratique, par Rameau. *Par.* 1737, *in-8.*

924 Elémens de Musique Théorique & Pratique, suivant les principes de Rameau. *Par.* 1752, *in-8.*

11. 11 925 Dictionnaire de Musique, de J. J. Rousseau. *Par.* 1768, *in-8. fig.*

LES ARTS.

DU DESSEIN, DE LA PEINTURE, GRAVURE ET SCULPTURE.

11. 19 925 * Dictionnaire des Arts & des Sciences, par Corneille. *Paris, Coignard*, 1731, 2 *vol. in-fol.*

2. 11 925 ** Dictionnaire portatif des Beaux Arts, par Lacombe. *Par.* 1753, *in-8.*

8. 9 925 *** Nouveau Dictionnaire universel des Arts & des Sciences, François, Latin & Anglois, trad. de l'Angl. de Th. Dyche. *Avignon*, 1756, 2 *vol. in-4.*

926 Histoire des Arts qui ont rapport au Dessein, par Monier. *Paris*, 1688, *in-12.*

5. 15 927 Méthode pour apprendre à dessiner sans Maître. *Paris*, 1740, *in-4. fig.*

2. 11 928 Dictionnaire Iconologique, ou Introduction à la connoissance des Peintures, Sculptures, Médailles & Estampes. *Paris*, 1756, *in-12.*

8. 929 L'Art de peindre, Poëme de M. Watelet. *Paris*, 1760, *in-8. fig. maroq.*

22. 930 Le même. *Paris*, 1760, *in-4. gr. pap. maroq.*

931 Traité de Peinture & de Sculpture, par Richard-
son, pere & fils. *Amst.* 1728, 3 *vol. in-8. fig.*

932 La Pratique du Trait de Desargues, par Bosse.
1643, *in-8. fig.*

933 Traité Historique & Pratique de la Gravure en
Bois, par J. M. Papillon. *Paris*, 1766, 2 *v. in-8. fig.*

934 Racolta di Statue antiche e moderne, data in luce
sotto Papa Clemente XI, da Domenico de Rossi.
Roma, 1704, *in-fol. gr. pap. fig.*

935 Columna Antonina à Petro santo Bartoli delinea-
ta, nunc à Joan. Petro Bellori in lucem edita.
in-fol. oblong. fig.

936 Recueil de Berain. *in-fol.*

937 Ornemens, Masques, &c. inventés par Charme-
ton, & gravés par Audran. 1676. *in-4. oblong. br.*

938 Description sommaire des Desseins des grands
Maîtres, du Cabinet de feu M. Crozat, par Mariette.
Paris, *Mariette*, 1741, *in-8. br.*

ARCHITECTURE ET CHARPENTERIE.

939 Les Livres d'Architecture de Vitruve, corrigés &
traduits par Perrault. *Par.* 1684, *in-fol. fig. gr. pap.*

940 Principes d'Architecture, Sculpture & Peinture,
par Felibien. *Paris*, 1676, *in-4. fig.*

941 Cours d'Architecture, &c. par d'Aviler. *Paris*,
1738, *in-4. fig.*

942 Architecture Pratique de Bullet, &c. *Par.* 1762,
1 *vol. in-8. fig.*

943 L'Architecture des Voûtes, ou l'Art des Traits &
Coupe des Voûtes, par Fr. Derant. *Paris*, 1743,
in-fol. fig.

944 Desseins de toutes les parties de l'Eglise de saint
Pierre de Rome, par M. de Tarade, avec le parallele
de cette Eglise & celui de Notre-Dame de Paris &
de la Cathédrale de Strasbourg. *in-fol. gr. pap.*

945 Description du nouveau Pont de pierres construit
sur la Riviere d'Allier à Moulins, par M. de Rege-
mortes. 1771, *in-fol. fig. gr. pap.*

946 L'Art de la Charpenterie, de Mathurin Jousse,
corrigé & augmenté par de la Hire. *Paris*, 1751,
in-fol. fig.

ART MILITAIRE.

947 Le parfait Capitaine, ou Abrégé des Guerres, des Commentaires de César, par de Rohan. 1744, *in-12.*

948 Bibliotheque Militaire, Historique & Politique. Paris, 1760, 3 *vol. in-12.*

949 Exercices de l'Infanterie Françoise, ord. en 1757, représentés en Figures. *in-fol. gr. pap. br.*

ARTS MÉCHANIQUES.

950 Dictionnaire portatif des Arts & Métiers. *Paris,* 1766, 2 *in-8.*

951 Secrets concernant les Arts & Métiers. *Rouen,* 1724, 4 *vol. in-12.*

952 The Laboratory or school of Arts, by G. Smith. *London,* 1750, *in-8. fig.*

953 Mémoire sur les Manufactures de Draps & autres Etoffes de Laine. *Paris,* 1764, *in-12.*

954 Recueil de Reglemens, concernant les Manufactures & Fabriques du Royaume. *Paris, Impr. Royale,* 1730, 4 *vol. in-4.*

955 Collection des Arts & Métiers, donnés & adoptés par l'Académie Royale des Sciences, 45 *Cahiers, in-fol. fig. br.* Voyez le détail ci-après.

956 L'Art de la Teinture des Laines & Etoffes de Laine, par Hellot. *Paris,* 1750, *in-12.*

957 Procès-verbal des Opérations de Teintures faites à Yvetot, par Franç. Gouin. *Rouen,* 1756, *in-8. br.*

958 Traité des Couleurs pour la Peinture en Email & sur la Porcelaine, par d'Arclais de Montamy. *Par.* 1765, *in-12.*

959 Traité des Vernis. *Paris,* 1733, *in-12. fig.*

960 Le Vernisseur parfait, ou Manuel du Vernisseur. *Paris,* 1711, *in-12. br.*

961 Essai sur le Blanchiment des Toiles, trad. de l'Angl. de Home. *Paris,* 1762, *in-12.*

962 L'Art de faire l'Indienne, à l'instar d'Angleterre, par M. de Lormois. *Paris,* 1770, *in-12. br.*

963 Le Dessinateur pour les Fabriques d'Etoffes d'Or, d'Argent,

d'Argent, de Soie, par Joubert de Lhiberderie. *Par.*
1765, *in*-8. *fig.*

964 Singuliers & nouveaux Pourtraits de Frédéric de
Vinciole, pour toute forte d'ouvrages de Lingerie,
(deffeins en broderie.) *Par.* 1588, *in*-4. *fig.*

965 Manuel des Tapiffiers, &c. par Bimont. *Paris*,
1766, *in*-12. *br.*   2. 8

966 La Pogonotomie, ou l'Art d'apprendre à fe rafer
foi-même, par J. J. Perret. *Par.* 1769, *in*-12. *br.*

967 L'Art de tourner, par le P. Plumier. *Par.* 1706, 19. 4
in-fol. fig.

PYROTHECNIE, METALLURGIE,
FONDERIE ET VERRERIE.

968 Caminologie, ou Traité des Cheminées. *Dijon*,
1756, *in*-8. *br.*   1. 12

969 Nouvelle conftruction de Cheminée, par Genneté.
Paris, 1759, *in*-12. *fig. br.*

970 Effais fur les Feux d'Artifice pour le Spectacle & 1. 18
pour la Guerre, par Perrinet d'Orval. *Par.* 1745,
in-8. *fig.*

971 Traité des Feux d'Artifice pour le Spectacle & pour 1.15
la Guerre. *Berne*, 1750, *in*-8. *fig.*

972 L'Art du Feu, ou de peindre en Email, par Ferrand. 1. 4
Paris, 1721, *in*-12.

973 Johan. Joach. Beckeri Metallurgia. *Francofurti*,
1705, *in*-12. *Germanice.*

974 Herm. Georg. Erneft. Stahl Metallurgia. *Lipfiæ*,
1723, *in*-8. *Germanice.*   1. 5

975 Traité de l'Art Métallique, d'Alfonfe Barba. *Par.*
1730, *in*-12. *fig.*

976 Jo. And. Crameri elementa artis docimafticæ. 2.
Lugd. Bat. 1744, 2 *tom. en* 1 *vol. in*-8. *fig.*

977 Métallurgie, ou l'Art de tirer & de purifier les 3. 10
Métaux, trad. d'Alfonfe Barba. *Paris*, 1751, 2 *v.*
in-12. *fig.*

978 L'Art d'effayer les Mines & les Métaux, trad. de 1. 5
Schindlers, par Geoffroy fils. *Paris*, 1759, *in*-12.

979 L'Art des Mines, ou Introduction aux connoif- 6
fances néceffaires pour l'exploitation des Mines

Métalliques, trad. de Gotlob Lehmann. *Par.* 1759,
3 *vol. in-12. fig.*

3. 10   980 Chymie Métallurgique, trad. de Gellert. *Paris,*
1758, 2 *vol. in-12. fig.*

8. 19   981 L'Art de convertir le Fer forgé en Acier, & l'art
d'adoucir le Fer fondu, par de Reaumur. *Paris,*
1722, *in-4. fig.*

982 Traité sur l'Acier d'Alsace, ou l'Art de convertir le Fer de fonte en Acier. *Strasbourg,* 1737,
in-12.

2. 2   983 Œuvres Métallurgiques de J. Christ. Orschall,
trad. de l'allemand. *Paris,* 1760, *in-12.*

2. 2   984 Description de ce qui a été pratiqué pour fondre
en bronze, d'un seul jet, la Figure Equestre de
Louis XIV, par Boffrand, en latin & en françois.
Paris, 1743, *in-fol. fig. br.*

3. 3   985 L'Art de la Verrerie, par Haudicquier de Blan-
court. *Paris,* 1718, 2 *vol. in-12. fig.*

1. 4   986 Joh. Kunckeli Ars Vitraria experimentalis. *Norimberga,* 1744, *in-4. Germanice.*

8. 18   987 Art de la Verrerie, par Neri, Merret, Kunckel,
&c. trad. de l'allemand. *Paris,* 1752, *in-4. fig.*

GYMNASTIQUE ET JEUX.

24.   988 Ecole de la Cavalerie, contenant la connoissance
des Chevaux, par de la Guériniere. *Paris,* 1733,
in-fol. fig.

6.   989 Dictionnaire Théorique & Pratique de la Chasse
& de la Pêche. *Paris,* 1769, 2 *vol. in-8.*

2. 19   990 Académie des Jeux. *Paris,* 1730, *in-12.*

6. 2   991 Le grand Trictrac, ou Méthode facile pour apprendre sans maître. *Paris,* 1756, *in-8. fig.*

F I N.

Lu & approuvé le présent Catalogue. A Paris,
ce 22 Juillet 1772.

L. F. Le Clerc, Adjoint.